# Licht und Schatten im Ländle

Rose Deroussas



édition belésprit
ISBN 978-3-9809-2834-2

HOLDER VERLAG
édition belésprit
Inh. Dieter Fischer

Krebäckerstraße 21/1
71364 Winnenden

Druck: Winnender Druck GmbH
D-71364 Winnenden

ISBN 978-3-9809-2834-2

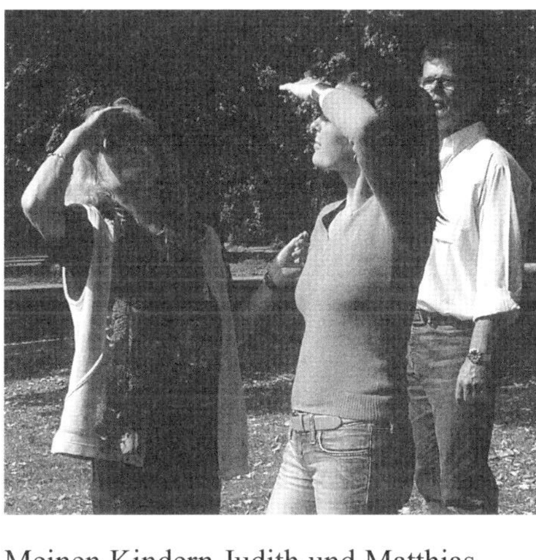

Meinen Kindern Judith und Matthias,
die Licht und Schatten mit mir teilen

# Inhaltsverzeichnis



*Umschlagfoto: An der Mole in Radolfzell*

***Wichtiger Hinweis :***
Bei diesem Band muss besonders eindringlich darauf hingewiesen werden, dass sämtliche genannten Namen außerhalb der engeren Familie frei erfunden sind und auch die Personenbeschreibungen nicht den realen Vorbildern entsprechen. ***Ähnlichkeiten wären daher rein zufällig***

# Entfernung vom gewesenen Ich...

"Sie müssen den dritten Teil jetzt einfach schreiben!" sagte mein sonst so entgegenkommender Verleger sehr bestimmt und fordernd. Mit zu vielen Bemerkungen über eine Fortsetzung des Bandes "Erwachsen werden" hätte ich den Lesern den Mund wässrig gemacht – und dieses Erwartungspotential müsse man ausnutzen – meinte er mit Blick auf die Verkaufszahlen weiter...
Warum ich mich so gesträubt hatte, endlich an den vorerst letzten Teil der biografischen Reihe zu gehen, konnten sensible Leser schon im Band zwei zwischen den Zeilen – oder auch hinter den (noch) ironischen Bemerkungen erahnen.
Nun, die Buchmessen werden von langer Hand vorbereitet; und so meldete mein Verleger – sozusagen als letztes Druckmittel mir gegenüber – den Band "Licht und Schatten im Ländle" einfach schon im Juni mal für den Herbst an und buchte auch gleich noch einen Lesetermin bei den Stuttgarter Buchwochen dazu...

Also machte ich mich an meine Entwürfe, Skizzen, gesammelten Gedanken unter dem Arbeitstitel "Irrwege im Ländle". Überflüssig, zu bemerken, dass ich mich mit diesem Titelvorschlag wieder nicht – wie schon beim Band 2 – durchsetzen konnte.
Und doch kommen mir die Wege der letzten vierzig Jahre wie ein kopfloser Zickzackkurs vor – oder wie die Fahrt mit einem Auto, dessen Steuerung nicht mehr gehorcht. Eine gefährliche Fahrt also. Ein Slalom zwischen gurgelndem Morast, unwirtlicher Wüste und mitten im Weg gewachsenen Stalakmiten (das sind die, die von unten nach oben wachsen, weiß der geologisch versierte Leser).
Und nun soll ich den Spagat schaffen, über diese Irrwege in derselben, nonchalanten Art zu schreiben, wie es mir beim "Erwachsen werden" durch die Beschränkung auf die ersten Ehejahre gerade noch gelungen war? Ich soll amüsiert von irgendeinem Wattewölkchen aus, auf das ich mit Pegasus geflüchtet bin, über Jahre schreiben, in denen oft die Kraft nicht mal für ein Augenzwinkern reichte?

Ein schlauer Reitersmann stellte einmal fest: "Wer in die falsche Richtung reitet, dem nützt auch Galoppieren nichts!"
Ja, vier Jahrzehnte gestreckten Galopps, mit hängender Zunge, großen Sprüngen über Hürden und schmerzhaften Stürzen – aber auch beflügelnd stürmischen Ausritten liegen hinter mir und wollen verarbeitet werden.
Hoimar von Ditfurth sagte einmal: "Es gehört Mut dazu, sich seiner Angst zu stellen und sie auszuhalten".
So habe ich mein Motto "Carpe diem" erweitert auf "Was uns nicht umbringt, macht uns stark!"
Und meine Angst besteht nun beim Schreiben hauptsäch-

lich darin, dass man mich nach der Lektüre dieses Buches schlichtweg für "ziemlich neba dr Kapp", das heißt, ganz einfach für bescheuert hält.
Andere wiederum könnten aus dem, was sie im Folgenden zu lesen bekommen, eine Art Abrechnung mit all den Mitmenschen sehen, die mir Schaden zufügten oder mir weh taten.
Dem ist nicht so.
*Ich* habe diese Dinge geschehen lassen, *ich* habe nie den Mut aufgebracht, sie zu ändern, bis...
*Ich* habe Zwischenmenschliches und Innerfamiliäres idealisiert und romantisiert, habe mich der Realität negativer charakterlicher Entwicklungen nicht gestellt – weder bei meiner eigenen Person, noch bei anderen.
Und *ich* habe es allzu lange nicht geschafft, aus Veränderungen in Beziehungen und Lebensumständen die (richtigen) Konsequenzen zu ziehen – *ich* habe nicht gehandelt, sondern habe mich (be)handeln lassen...
Überspitzt könnte man darin eine Art Masochismus sehen...
Und dafür kann ich niemandem Vorwürfe machen...

Nein, ich verspüre keinen Hass – nicht einmal gegenüber dem Menschen, der mir am meisten weh getan hat.
Ich habe mich beschieden und Frieden mit der Erinnerung gemacht. Vielleicht kann der sensible Leser auch das zwischen den Zeilen lesen.
Nach vielen Lesungen – hauptsächlich nach Lyrik-Abenden – wurde mir von Frauen mit ähnlichen Lebenswegen gesagt, dass ich ihnen Mut gemacht habe, ihre Situation zu ändern, nicht alles mit sich geschehen zu lassen.
Ich hoffe, dass daher auch bei der Lektüre dieses Buches

meine Leser/innen aus meinen Fehlern lernen und es wesentlich früher als ich schaffen, passives Reagieren durch Agieren zu ersetzen.
Ich, ich, ich...
Einige Zeit überlegte ich, ob ich all das tatsächlich in der Ichform schreiben sollte. Wäre es nicht besser, sich von diesem Ich zu distanzieren, so ein wenig von oben herab in der dritten Person über "sie" zu schreiben?
Andererseits gibt es Schriftsteller, die in ihren Biografien Dinge preisgeben, die zu einem Politikum anwachsen oder jahrelange Prozesse nach sich ziehen. Gemessen daran sind meine Enthüllungen bescheidener Art – nur im menschlich-allzu-menschlichen Bereich angesiedelt.
Also bin ich beim "Ich" geblieben. Aber "Annäherungen an gewesene Ichs" wollte ich nicht mehr machen – die schriftliche Aufarbeitung hat auch so weh genug getan...
In dem Maße, wie ich meine Vergangenheit, quasi als Selbsttherapie, auf diesen Blättern fixiert habe, entfernte ich mich von diesem "gewesenen Ich". Erst jetzt habe ich meine Sisyphos-Arbeit erledigt...
Um nicht allzu negative Vermutungen zu wecken, sei als tröstlicher Anfang noch erwähnt, dass ich inzwischen die Balance zwischen Vorsicht und Zuversicht gefunden habe – wie einst Friedrich Rückert riet:
*"Die Vorsicht geht zu sacht, die Zuversicht zu keck;*
*Vorsicht, mit Zuversicht vereint, gelangt zum Zweck."*

# Auch wir sind Wirtschaftswunder-Kinder

Es boomte allerorten im "goldenen Westen" anfangs der 60er Jahre – und unsere kleine, glückliche Familie profitierte davon.
Der Umzug in ein größeres Anwesen war ein kluger Schritt gewesen; ganz ‚Chef' konnte mein Mann nun als erfolgreicher Verlags- und Druckereibesitzer eine "Belegschaft" von acht Halbtagskräften beschäftigen.
Ich selbst nutzte die Zeit nach Judiths Geburt und bereitete mich intensiv auf die "Erste Dienstprüfung für das Lehramt an Grund- und Hauptschulen" vor.
Eine Zulassungsarbeit musste geschrieben werden.
Mein Mentor wünschte sich ein historisch-heimatkundliches Thema und wir einigten uns auf "Der Salzstreit zwischen Göppingen und Ebersbach". Ein Stoff, der, wie ich zugebe, absolut nicht meine Begeisterung weckte.

Dennoch stürzte ich mich ins Forschen, Recherchieren, Sichten von Material in den Heimatmuseen von Göppingen und Ebersbach, in der Landesbücherei und im Hauptstaatsarchiv in Stuttgart. Auf viele Querverbindungen zu anderen Städten stieß ich dabei, fuhr mit den Kindern hin und lernte so Kochendorf, Schwäbisch Hall und besonders Sulz kennen. Aus der Saline von Sulz kam im Mittelalter die überwiegende Menge an Salz für Württembergs Kochtöpfe.
Im Verlauf meiner Nachforschungen stellte ich zum ersten Mal fest, dass man in ein Thema durchaus hineinwachsen – und auch daran wachsen kann.
Eine Erkenntnis, von der ich bis heute bei meiner schriftstellerischen Arbeit profitiere.

Im Herbst 1966 war es endlich so weit: die Prüfung war bestanden. Die frischgebackene Lehrerin für Grund- und Hauptschulen kam stolz nach Hause.
Zur Feier waren meine Eltern angereist, Mann, Kinder, ja, die ganze Belegschaft, gratulierte mir.
"Mein Geschenk zur bestandenen Prüfung ist in der Garage!" sagte mein Mann und öffnete unter lautem Beifall aller Gratulanten das Tor.
Drinnen stand – rundum in bestimmt zwanzig laufenden Metern Cellophanfolie eingepackt, mit breitem, rotem Band und einer überdimensionalen Schleife verziert, ein - - neues Auto!!!
Ein weißes, kleines Cabriolet. Ein Fiat 850 Spider.
"Oh Gott, können wir uns das denn leisten?" war meine erste Frage, als ich meinem Mann um den Hals fiel.
Schallendes Gelächter allerseits.
Frau Schurr, eine sehr gebildete, ältere Dame, die eigentlich nur zum Spaß bei uns als Korrektorin arbeitete,

erklärte mir das Gelächter: es seien Wetten abgeschlossen worden, was ich wohl als Erstes sagen würde. Und acht von zehn Personen hätten auf genau diesen Satz getippt. Überflüssig, zu sagen, dass unsere Halbtagskräfte alle "rechte Schwäbinnen" waren...
Wir konnten es uns tatsächlich leisten. Ab 1. Dezember würde ich außerdem selbst Geld verdienen, denn eine Lehrerstelle im kaum vier Kilometer entfernten Ebersbach hatte ich bereits avisiert bekommen.
Es war – auch das ist heute schon Schul-Geschichte – der Anfang des zweiten "Kurzschuljahres".
Mit zwei verkürzten, jeweils etwa acht Monate dauernden Einheiten von April bis November und von Dezember bis Juli wurde damals der Schuljahresbeginn vom Frühjahr auf den Herbst verlegt. Oder besser zurückverlegt, denn den Herbstbeginn hatte es früher schon einmal gegeben.

# Schulanfänger...

Erster Dezember. Bei heftigem Schneetreiben fuhr ich mit meinem kleinen Auto, von dem man eigentlich nur das schwarze Stoffdach sah, zum Ebersbacher Dienstantritt.

Der Schulleiter – nach meinem Praktikums-Mentor der zweite menschliche Lichtblick im beginnenden Berufsleben, empfing mich freundlich, versprach, mit der Stundenplangestaltung ein bisschen Rücksicht auf meine familiäre Situation zu nehmen. Mehr würde ich nachmittags in der Lehrerkonferenz erfahren.

"Und jetzt gehen Sie einfach mal runter in den Hof und helfen der Kollegin Schäuble bei der Pausen-Aufsicht!"

Immer noch Schneetreiben draußen. Und Schüler, die sich natürlich lachend und lärmend Schneeballschlachten lieferten.

Die resolute Frau Schäuble, nicht größer als ich, aber in heiligem, pädagogischem Zorn förmlich wachsend, klärte mich auf, dass Schneeballwerfen absolut verboten, weil gefährlich sei.

"Heida Blechle! Lescht du sofort den Schneeball falla!" pfiff sie einen eben zum Wurf ansetzenden Schüler zur Räson. Der, einen Kopf größer als Frau Schäuble, grinste, guckte auf sie herunter und – warf trotzdem..

Peng! Eine schallende Ohrfeige war die Antwort.

"Ond heut mittag om drei meldesch de bei mir – no kannsch a Schtond lang überlega, worom de oine g'fanga hosch!"

Damals wirkte das tatsächlich noch! Unter dem hämischen Gelächter der umstehenden, nicht erwischten Schüler schlich sich der Geohrfeigte von dannen.

"Hent se gsäha, wia mr's macht?" Ich nickte zögernd.
"Also – dann übernehmet Sie den untera Teil vom Schulhof!" sprachs und wandte sich neuen Bestrafungen zu...
Zum Glück hatte sich die Ohrfeige schon herumgesprochen – und auch, dass ich wohl ein neuer Pauker-Lehrling sei. Wo ich auftauchte, ließ man unauffällig die Schneebälle fallen...
Einen derart befriedigenden "Autoritätsschub" habe ich in 27 Lehr-Jahren nicht mehr erlebt...
Dem Kollegium dieser Schule verdanke ich viel: nachsichtig, bereitwillig hatte man mich aufgenommen und mit vereinten Kräften kollegial selbstlos unterstützt. Von den Erfahrungen und Ratschlägen des Schulleiters habe ich ebenfalls durch die gesamte Schulzeit hindurch profitiert.
Zwar war ich nicht aus freien Stücken Lehrerin geworden – Leser des Bandes "Erwachsen werden" erinnern sich vielleicht an die einsamen Entscheidungen meines dennoch geliebten Vaters – aber durch diesen positiven Berufsanfang erwachte in mir eine regelrechte Lust, mich der Verantwortung zu stellen.
Und die Schüler merkten sehr schnell, dass es mir Spaß machte, und es gefiel ihnen auch, dass ich oft *mit* ihnen Spaß machte...
Sie dankten es mir mit Aufmerksamkeit und Lerneifer – zumindest größtenteils. Kleine Stimmungstrübungen waren eher die Ausnahme. Die wutentbrannte Äußerung einer beginnenden "Rockerbraut", die mir, grade 15 geworden, vor versammelter Klasse erklärte, "mein überhebliches Gegrinse gehe ihr total am Arsch vorbei" – steckte ich locker weg, und meine lakonische Antwort, dass ihr das "im Vorbeigehen mehr Kratzer am Arsch

mache als mir" sicherte mir die Sympathie der restlichen Schüler, die mit der Gesinnung der Mitschülerin eh nicht ganz einig waren. Schließlich lebte man auf dem Land, die Kinder stammten aus rechtschaffenen Handwerker- und Bauersfamilien und hatten noch Respekt vor den Erwachsenen (für viele heutige Pädagogen ein Traumzustand...)
Als sich nach einigen Monaten beim ersten Schulbesuch des zuständigen Schulrates dann noch herausstellte, dass es kein anderer als mein verehrter, früherer Schulkunde-Dozent von der PH Esslingen war, fand ich meinen Berufsstart mehr als gelungen.
In seiner Beurteilung hieß es unter anderem:
"die zierliche Person steht in einer freundlichen, aber bestimmten Art vor der Klasse und hat das Heft fest in der Hand."
Dieser Satz hat für mich nach dem Konfirmations- und dem Trauspruch und nach dem ersten Liebesbeweis meines Mannes den höchsten Stellenwert...
Bei meinem beruflichen Engagement blieb es nicht aus, dass ich bald irgendwo Kräfte einsparen musste. Aber wo? An den Kindern sicher nicht!
Mein rücksichtsvoller Schulleiter hatte mir die Nachmittage außer einem einzigen unterrichtsfrei gehalten und so verbrachte ich sie alle mit den Kindern. Manchmal allerdings mit geschäftlichem Hintergrund: wir fuhren die Pakete mit den ‚Kommunalen Mitteilungsblättern' – kurz "Gemeindeblättle" genannt, zu den zahlreichen Austrägern in den bis zu 30 Kilometer entfernten Gemeinden. Die Kinder fanden das sehr interessant, wußten bald, wo in welchem Ort Spielplätze, Brunnen oder Pferdeställe und anderes waren.
Hatte ich die Kinder abends zu Bett gebracht, dann

musste ich Unterrichtsvorbereitungen, Klassenarbeits-Korrekturen oder Berichte für das vorgeschriebene Unterrichtstagebuch erledigen.
Danach wartete oft noch Hausarbeit auf mich und mehr als einmal bin ich beim Bügeln fast eingeschlafen...
Bald häuften sich die innerfamiliären Animositäten und kleineren Streitigkeiten – mein Mann verbrachte zwei Abende pro Woche mit Stammtisch-Spezis, gab dabei viel Geld aus - und was das Schlimmste war: die Kinder bekamen ihren Papa immer seltener zu sehen.
Der Betrieb war zugegebenerweise perfekt organisiert, sodass der Chef ohne weiteres täglich einige Stunden überflüssig war.
Seine alte Angel-Leidenschaft erwachte – und oft ging er früh morgens, bevor die Kinder aufstanden, aus dem Haus. Ich machte ihnen Frühstück, brachte sie in den Kindergarten, fuhr danach gehetzt in die Schule. Vorbei am idyllischen Baggersee, an dem mein Mann schon zwei bis drei Stunden lang "Würmer badete" (so nannte man das, wenn keine Fische bissen...)
"Sie gefallen mir in letzter Zeit gar nicht! Ihnen geht's nicht sehr gut, gell?! Haben Sie Sorgen?" fragte mich eines Nachmittags mein Schulleiter. Bei seinen einfühlsamen Worten schossen mir doch tatsächlich die Tränen in die Augen. Er nahm sich Zeit für mich, hörte sich geduldig an, was mir Kummer machte.
"Man merkt, dass Sie diesen Beruf liebgewonnen haben – und Ihr Unterricht beweist auch, dass Sie eine wirklich gute Lehrerin sind. Trotzdem dürfen Sie Ihre Kräfte nicht zu sehr strapazieren! Sie sollten schnellstens mit Ihrem Mann darüber sprechen, wie man Sie entlasten könnte!" riet er.
Das tat ich bei nächster Gelegenheit, schilderte meinem

"Chef" zu Hause, dass ich der Doppelt- und Dreifachbelastung nicht gewachsen sei.
"Dann hör auf, dich mit anderer Leute ungeratenen Kindern herumzuärgern – und das auch noch für so wenig Geld! Wir haben das doch gar nicht mehr nötig!"
"Ich liebe aber meinen Beruf. Wenn wir's uns leisten können, dass ich aufhöre, dann könnten wir es uns doch genauso leisten, eine Haushaltshilfe einzustellen!"
Er war sofort einverstanden.
Gleich im nächsten Blättle wurde eine Anzeige geschaltet, auf die sich auch einige Interessentinnen meldeten.
Anscheinend hatten wir jedoch keine glückliche Hand bei der Auswahl: auch nach Monaten konnte ich keine großen Erleichterungen durch unsere "Perle" feststellen – vom Ärger im Umgang mit ihr ganz zu schweigen.
Auch ein zweiter Versuch schlug fehl...
Wieder vertraute ich mich meinem Schulleiter an.
Er hatte inzwischen erfahren, dass es die Möglichkeit eines halben Deputats gebe – allerdings unter der Bedingung, dass man selbst eine Kollegin fand, die die andere Hälfte übernahm. In den Zeiten des Lehrermangels wollte das Kultusministerium so die nach der Kindererziehung wieder frei gewordenen Kapazitäten zurück ins Berufsleben holen.
Leider fand ich niemand, der mich in Ebersbach ergänzt hätte – dagegen wurde mir in einer Göppinger Schule diese Möglichkeit geboten und mit der netten, älteren Kollegin wurde ich, was die Fächer-Verteilung anbetraf, schnell handelseinig.
Schweren Herzens nahm ich Abschied von dem Ort, an dem mir der Schulleiter, die Kollegen und auch die Schüler einen so positiven Berufsstart ermöglicht hatten.
Am neuen Dienstort war alles anders:

Nie wäre ich hier auf die Idee gekommen, dem "Chef" private Sorgen anzuvertrauen. Für die Kollegen war ich eine "halbe Portion" in jeder Beziehung, und die Stadtschüler, die aus einem völlig anderen Milieu kamen als die aus den gewachsenen, dörflichen Strukturen, waren wesentlich schwieriger zu lenken. Außerdem versuchten sie dauernd, uns beide, die ergänzende Kollegin und mich, gegeneinander auszuspielen.
Zwar hatte ich nun nur noch an drei Tagen Unterricht, wesentlich weniger Vorbereitungen und Korrekturen zu machen – aber Stress und Ärger verdoppelten sich.
Darauf reagierte mein Körper viel schneller als auf die vorherige zeitliche Überlastung, die doch immer noch eine gewisse Zufriedenheit und positive Ausgefülltheit zugelassen hatte.
Blasenentzündungen, ein Myom in der Gebärmutter, fast unerträgliche Schmerzen beim Stehen, plagten mich. Letztere wurden verursacht durch die angeborene Hüftgelenkdysplasie, die erst zwei Jahre zuvor bei einer Röntgen-Reihenuntersuchung (im fünften Schwangerschaftsmonat – so blauäugig war die Medizin damals noch) festgestellt worden war.
Also: weniger stehen und vor allem warm anziehen! Am besten Angorawäsche von oben bis unten!
Ein bisschen eitel war man als Frau schließlich doch – das würde ja schrecklich "auftragen", womöglich unter den dicken Strümpfen zu sehen sein.
"Hosen wären ideal!" meinten Gynäkologe und Orthopäde übereinstimmend...
Lehrerinnen in Hosen? 1968 undenkbar!
Eine Schneiderin nähte nach meinen eigenen Entwürfen drei überaus brave Hosenanzüge in gedeckten Farben, streng hochgeschlossen, einer davon aus schwarzem

Wollstoff mit kleinem, weißen Spitzenkragen. In letzterem, wirklich dezent-elegantem Teil lief ich dann also – unter dem Beifall der Schüler – eines Tages im Lehrerzimmer ein. Dort verstummten sofort alle Unterhaltungen, ungläubige Blicke trafen mich, Getuschel und Raunen ging durch die Reihen.
In der großen Pause wurde ich zum Chef zitiert. "So etwas" gezieme sich nicht für eine Lehrerin, die ja schließlich Vorbildfunktion habe. Meine Begründungen mit den gesundheitlichen Erfordernissen und den Ratschlägen der Ärzte ernteten nur verständnisloses Kopfschütteln.
Mir jedoch war meine Gesundheit tatsächlich wichtiger – und so erschien ich auch weiterhin, abwechselnd in drei Varianten, in Hosen zum Unterricht.
Etwa zwei Wochen später klopfte es an der Tür des Klassenzimmers, in dem ich gerade die achte Klasse in Englisch unterrichtete.
Auf mein "Herein!" erschien "mein" verehrter Herr Schulrat – inzwischen zum Schulamtsdirektor avanciert, und fragte höflich lächelnd, ob er wohl eine Weile zuhören dürfe. "Natürlich," sagte ich – "*Sie* sind mir doch immer willkommen!"
Irgendwie irritierte es mich, dass er mich so musterte – hatte etwa auch er etwas gegen meine Hosen?
Nach kaum zwanzig Minuten verabschiedete er sich wieder, sagte, ich solle mich nicht stören lassen – es wäre nett, wenn ich in der großen Pause ins Rektorat kommen würde, er warte dort auf mich.
Mit ziemlichem Herzklopfen ging ich hin.
Die Sekretärin war eine der wenigen Personen in der Schule, mit der mich ein herzliches Verhältnis verband.
"Wissen Sie, warum der Herr Schulamtsdirektor bei mir

heute einen so kurzen Unterrichtsbesuch gemacht hat – und das ohne irgendeine Vorwarnung?" fragte ich sie.
Verschmitzt lächelnd erzählte sie, es gehe natürlich um meine Hosen. Der Chef habe sich wohl darüber beim Schulamt beschwert und so musste der Schulamtsdirektor diesen "Skandal" in Augenschein nehmen.
Allerdings sei er nach dem Besuch in meiner Unterrichtsstunde ins Rektorat gekommen und habe beim Eintreten ins Chefbüro gemeint, er wisse nicht, was an diesen Hosen anstößig sei – er finde, sie sehen sehr gut und dezent aus – jedenfalls besser als mancher unvorteilhaft kurze Rock, der kaum die Ausrutscher der Natur verdecke...
Mir sagte er, er habe auf Grund von Beschwerden feststellen müssen, ob mein "Tenue" nachteilige Wirkungen im Unterricht hervorrufe. Dies sei einwandfrei nicht der Fall, sodass er diesbezügliche Bedenken von Schulleitung und Elternschaft nun ausräumen könne.
Im darauffolgenden Winter kamen dann schon vier weitere Kolleginnen mutig in Hosen in die Schule, allerdings ohne noch überprüft zu werden...
Und wenige Jahre später waren sogar die noch lange verpönten Jeans für Lehrerinnen erlaubt, und kein Mensch regte sich mehr drüber auf...

## Leicht bewölkt

Mein Beruf und das Engagement, mit dem ich ihn ausübte, die Intensität des Erlebens mit meinen Kindern, die begeisterte Mithilfe im wachsenden Betrieb und nicht zuletzt die (zugegeben lästigen) Haushaltspflichten lenk-

ten mich lange Zeit davon ab, dass es in unserem Familien- und vor allem im Eheleben kaum mehr Gemeinsamkeiten gab.
Mein Hobbyangler verbrachte immer mehr Zeit damit, fuhr immer mehr Kilometer, um zu den Fischgewässern zu kommen. Inzwischen hatte er einen Freund gefunden, der genauso leidenschaftlich angelte und der als Besitzer einer Tankstelle mit kleiner Werkstatt dank verlässlicher Helfer ebenfalls über viel freie Zeit verfügte.
Anfangs waren es nur verlängerte Wochenenden, später dann wochenlange Touren bis nach Schweden und zur finnischen Seenplatte, die sie gemeinsam unternahmen.
Lange Zeit war ich gar nicht böse über dieses Hobby: von jeder Reise kamen die beiden voller Begeisterung zurück – mein Mann nahm sich ganze Abende Zeit, um mir seine Erlebnisse in unterhaltsamem Anglerlatein zu berichten.
Ich wurde zu delikaten Fischmenues eingeladen, an einigen Sonntagen machte die ganze Familie sogar Ausfahrten im nagelneuen Porsche Targa .
Matthias bekam eine kleine Angel, einige Lehrstunden vom Papa und platzte fast vor Stolz und Bewunderung für ihn.

In diesen wenigen Stunden glücklicher, sorgloser Harmonie mit meiner Familie vergaß ich die manchmal an mir nagenden Zweifel am Wahrheitsgehalt der Angelreise-Berichte.
Da ich ja ‚eigenes' Geld verdiente, schenkte ich IHM eine Reise nach Irland inklusive Haifisch-Fang-Törn. Im Jahr darauf dann, ebenfalls in Irland, einen Lachsfang-Urlaub mit standesgemäßer Schloss-Unterbringung...
Wobei diese Geschenke durchaus auch ein wenig egoistisch gesteuert waren: nie war unsere Beziehung glücklicher und erfüllter, als wenn er nach längerer Abwesenheit, durch die erlebten Abenteuer positiv "erregt", mir seine Dankbarkeit bewies.
Und immerhin nahm er sich dann öfters, sozusagen als Gegenleistung, Zeit für einige gemeinsame Kurzreisen.
Mein halber Lehrauftrag und die Tatsache, dass Donnerstag nachmittags im Betrieb die Wochen-Produktion fertiggestellt war, ermöglichten es uns, schon Freitag vormittags ab und zu wegzufahren.
Da wir immer noch keine zuverlässige Haushaltshilfe gefunden hatten, brachte ich die Kinder für diese Wochenenden zu meinen Eltern ins Pfarrhaus nach Wendlingen, wo sie sich sehr wohl fühlten.
Am schönsten war es für sie, wenn die Großeltern mit ihnen an den See nach Glems fuhren. Diesen See, der eigentlich ein Teich war, hatte mein Vater in jahrelanger "Maulwurfsarbeit" – wie er es nannte – immer montags (dem Pfarrer-Sonntag), aus einem billig erstandenen, sumpfigen Grundstück herausgebuddelt und teilweise betoniert. Das durch die nasse Wiese fließende Bächle füllte den Teich schnell. Der Opa baute Wasserrädchen für die Kinder, wie er's zwanzig Jahre zuvor für mich in Grötzingen getan hatte.

Und als Gipfel des Glücks für den vom Vater "abgefärbten", angelbegeisterten Matthias wurden in diesen See Fische eingesetzt. Fische, die Namen bekamen. Woran die Kinder "Erika" und "Annette", ihre Lieblingsforellen, erkannten, ist mir ein Rätsel.
Ich wusste meine Kinder gut aufgehoben und genoss die wenigen Wochenenden in Zürich, Baden-Baden, München, Berlin in der Sicherheit, dass meine Ehe letztendlich doch ganz glücklich sei.
Wenn ich allerdings ab und zu die damals noch regelmäßig eingeklebten Fotoalben durchblätterte, stellte ich fest, dass Ferienaufenthalte der ganzen Familie sehr selten dokumentiert waren.
Einige Male waren wir – die Kinder und ich – mit meinen Eltern in Urlaub, andere Ferien verbrachte ich mit den Kindern alleine. Meist an Orten, die für ihre Gesundheit gut waren – beide, vor allem Matthias, hatten mit den Bronchien und mit Anflügen von Heuschnupfen zu tun.
Höhenluft, Seeluft, und – ganz in der Nähe, die Luft in den Tropfstein-Höhlen der Schwäbischen Alb, taten ihnen gut. Einmal gab's sogar einen "Hustenflug" ab Echterdingen, der uns das Schwabenländle aus der Vogelperspektive zeigte.
Zugegebenermaßen fehlte mir gar nicht viel, wenn wir nur zu dritt Ferien machten. Denn wenn der Papa uns am jeweiligen Urlaubsort für ein Wochenende besuchte, kam häufig schnell eine gereizte Stimmung auf. Er wollte sich nicht so auf die Bedürfnisse der Kinder einstellen, wie ich es tat und auch für richtig hielt. Die Vorwürfe, ich "verziehe" die Kinder, häuften sich. Und im selben Hotelzimmer mit der ganzen Familie zu übernachten, fand er vollends indiskutabel.
Inzwischen hatten wir zu Hause auch längst getrennte

Schlafzimmer – das war damals chic und entsprach eher dem gesellschaftlichen Niveau der Kreise, zu denen vor allem er sich zählte.
Zu diesem gesellschaftlichen Niveau gehörten auch unsere Haustiere: Lange, bevor durch einen Film Dalmatiner zu Modehunden wurden, schafften wir zwei entzückende Exemplare dieser Rasse aus bester Zucht an. Und ich muss zugeben, dass die Hundenärrin in mir ziemlich stolz mit diesen wunderschönen Tieren spazieren ging.

Auch die Kinder waren begeistert – beide hatten offensichtlich meine fanatische Tierliebe geerbt.
Ich habe nie eines meiner Kinder bei den sonst, vor allem bei ‚Knaben' üblichen, oft grausamen Spielen mit Tieren erlebt – und ich erinnere mich an einige, Matthias sehr kränkende Kommentare des Anglervaters, der nicht verstand, warum der Sohn Hemmungen hatte, Würmer am Angelhaken zu befestigen...
Dass einer der beiden Hunde, kaum zwei Jahre alt, vom Zug erfasst und getötet wurde, durften wir den Kindern gar nicht erzählen.
Ich hätte – selbst vom Schmerz überwältigt, auch nicht darüber reden können...

Ja, diese Bahnlinie Stuttgart – München, die an der Grundstücksgrenze entlang verlief, hat mir viele schlaflose Nächte und Ängste verursacht.
Das einzig positive Bahn-Erlebnis hatten wir während des ersten Deutschland-Besuchs der englischen Königin Elizabeth. Ihr Sonderzug fuhr nämlich eines Tages hier Richtung München vorbei und einige Dutzend Menschen erwarteten ihn damals auf unserem Hof. Die meisten von ihnen schwören Stein und Bein, dass ihnen die Königin huldvoll aus ihrem Salonwagen zugewinkt habe. Ich muss zugeben, dass ich nichts Derartiges gesehen habe...
Nach dem Tod von Basco, dem schönen, temperamentvollen Dalmatiner, der immer wieder mal ausgebüchst war, meinte mein Mann, er brauche einen "männlicheren" Hund. Und so kam Bobby, ein junger Dobermann, in unsere Familie.

Auch Bobby war natürlich aus preisgekrönter Zucht und wahrlich ein Bild von einem Hund.
Er sollte nun also der Hund des "Herrn" sein – und das ausschließlich.
Nur: dieser "Herr" hatte so viele Hobbies, hatte einen Betrieb und seine Kneipen-Abende.
Was die Hobbies anbelangte, war inzwischen der Motorsport hinzu gekommen, dem er – auch hier unterstützt von seinem Tankstellen-Angler-Freund, mit Porsche und BMW-Geschäftswagen huldigte.

Bei all diesen Dingen konnte man eigentlich keinen Hund gebrauchen - wer kümmerte sich also um das Tier, wer ging mit beiden Hunden und zwei Kindern stundenlang spazieren? Wer nahm die Tiere mit in die Ferien? Inzwischen musste man zwangsläufig eine geräumige Ferienwohnung mieten...
Also schloss sich Bobby, der Hund des "Herrn", eben doch wieder mehr an "Frauchen" an.
Da sollte er aber wenigstens nachts dokumentieren, wo er hingehörte, nicht wahr? Auf den Teppich vor dem Bett des Herrn nämlich!
Der kluge Bobby wartete geduldig, bis sein Herr ins Bett ging, legte sich auf den Teppich, wurde dafür gestreichelt und gelobt.
Wenn er jedoch die ersten tiefen Atemzüge – respektive Schnarcher – vernahm, stand er leise auf, kam durch die immer geöffnete Verbindungstür in mein Schlafzimmer und legte sich vor mein Bett. Manchmal allerdings auch zu mir ins Bett...
Ich hatte damals ein breites Bett mit geflochtenem Kopf- und Fußteil, und diese Affinität zu einem Hundekorb war es wohl, die beide Hunde missverstanden. Öfters wachte

ich nachts auf und stellte fest, dass links neben mir Bobby, rechts Bello lag...
Tiere haben offensichtlich eine funktionierende innere Uhr: jeden Morgen, kurz bevor der Wecker auf Herrchens Nachttisch klingelte, stand Bobby leise auf, legte sich auf den Bettvorleger.
"Braver Bobby!" wurde er dann – wie abends zuvor – für seine "Nachtwache" vor Herrchens Bett gelobt...
Lange Zeit kam er uns (d.h. Bobby und mir) nicht auf die Schliche – dennoch fand mein Mann bald, ich verwöhnte seinen Hund zu sehr. Ein Fehler, den ich ja auch bei Bello und natürlich bei den Kindern ständig beging...
Dem musste im Fall des Herrenhundes vehement entgegengetreten werden: ein Zwinger wurde an die Garage angebaut. Mit fast 25 Quadratmetern war der zwar sehr groß – dennoch: für einen Dobermann, der täglich viel Auslauf braucht, der seine langen Läufe rennend bewegen muss, war der Platz zu eng. Bobby wurde sehr schnell aggressiv und ich hatte, wenn ich mit beiden Hunden spazieren ging, Mühe, ihn bei Laune zu halten.
Auch war er eifersüchtig auf Bello, der als Ganztags-Haushund nicht in den Zwinger musste, sodass es öfters schlimme Gefechte gab, wenn die beiden zusammen waren. Leider zog dabei Bello immer den Kürzeren.
Seinem Herrn gefielen Bobby's neue Charakterzüge dagegen recht gut – wuchs doch der Respekt mancher Leute angesichts des zähnefletschenden, gefährlich knurrenden Hundes recht schnell.
"Siehst du," wurde mir gesagt, "jetzt brauchst du auch keine Angst mehr zu haben, wenn du mit den Kindern alleine zuhause bist!"
Und alleine waren wir leider sehr häufig...

Unser Wohlstand wurde noch in anderen Bereichen unseres Lebens offenbar: mein geliebter, kleiner 850er Spider war – zur Hälfte über Anzeigen-Gegengeschäfte finanziert, durch einen sehr eleganten, "großen Spider" ersetzt worden. Ein zweifelsfrei bildschönes Auto in englischem Racing-Green mit beiger Lederausstattung und gleichfarbigem Faltdach. Das Aufsehen, das ich bei geöffnetem Verdeck mit Riesen-Sonnenbrille und Hut erregte, war mir oft unangenehm.
Seit der Zeit, als ich in Reutlingen öfters in den "vornehmen" Familien von Schulkameraden zu Gast war, hatte ich mir die Devise "Mehr sein als scheinen" zu eigen gemacht.
Was natürlich dem neuen Motto meines Mannes: "Nicht kleckern, sondern klotzen," diametral entgegen stand.

Durch Frau Schurr, die bereits erwähnte ältere Dame, die bei uns als Korrektorin arbeitete, lernte mein Mann auch einen noblen Lebensstil mit Antiquitäten und Orientteppichen kennen.
Er bewunderte Frau Schurr sehr, unterhielt sich, trank nachmittags Kaffee mit ihr, ließ sich von ihren Reisen und Erfahrungen erzählen. Sie hatte großen Einfluss auf ihn, war wohl so, wie er sich immer eine Mutter gewünscht hatte. Mit seiner eigenen Mutter war eigentlich nie eine besonders enge Beziehung zustande gekommen – Frau Schurr meinte einmal scherzend, wahrscheinlich sei Wilfried bei der Geburt vertauscht worden – er hätte eine ganz andere Mutter verdient.
Auch ich schätzte Frau Schurr sehr, ihren Humor, ihre Intelligenz, ihre Lebenserfahrung – andererseits fürchtete ich ein wenig ihre meiner Ansicht nach zu große Toleranz, was die eheliche Treue anbelangte.

Nun, wie gesagt, zu unserem neuen Wohlstand musste auch der Lebens- und Wohnstil passen.
Ein großes, seriöses Orient-Teppichgeschäft in Düsseldorf wurde uns empfohlen.
Man konnte es sich leisten, das Flugzeug dorthin zu nehmen. Nach einem kurzen Bummel über die dortige "Kö", gab es starken Kaffee im Teppichgeschäft. Riesige Berge feinster Teppiche wurden umgeschichtet, die Ohren surrten uns nur so von Knotendichte, Pflanzenfarben, klangvollen Namen orientalischer Provenienzen.
Zähe Verhandlungen. Schließlich waren zwei große Teppiche und eine Brücke gekauft. Einer der größeren war als Lebensbaum-Motiv geknüpft, mit herrlichen Blüten- und Tierdarstellungen und ist bis heute mein Lieblingsteppich geblieben.
Wir waren sehr zufrieden mit unserer Auswahl – wenn mir auch nicht ganz klar war, wie der für mich exorbitante Preis finanziert werden sollte.
Aber mein erfolgreicher Geschäftsmann beruhigte mich – es gebe überhaupt kein Problem damit!

Es wurde vereinbart, dass uns der Teppichhändler die ausgesuchten Stücke lieferte. In Kürze würde er in einem Schloss in Süddeutschland zu tun haben – da könnte er dann auch bei uns vorbeikommen.
Auf dem Rückflug war mein Mann ziemlich schweigsam. Kurz vor der Landung in Echterdingen meinte er dann: "Die Teppiche werden toll in unser neues Haus passen!"
"Wie bitte?"
"Das ist meine zweite Überraschung für dich! Nächsten Dienstag gehen wir zum Notar und unterschreiben den Kaufvertrag für einen Bauplatz mitten in Uhingen! Keine Angst – die Finanzierung ist bereits gesichert!"

"Und das erfahre ich knappe vier Tage vorher?"
"Du hättest dir ja doch nur Sorgen gemacht und hundert Wenn und Aber gehabt!"
Und dann erklärte er noch kurz, wir würden Betriebsräume, Privatwohnung und Mietwohnungen bauen, letztere würden uns den größten Teil der Finanzierungsraten sichern...
Ich solle ruhig alles ihm überlassen – inzwischen müsste ich ja bemerkt haben, dass er ein guter Geschäftsmann sei.
Auf dem Rückweg vom Flughafen bekam ich das Grundstück gezeigt, war auf Anhieb mit der Lage einverstanden: Kindergarten und Schule waren in unmittelbarer Nähe, Bushaltestellen genauso, von der B 10 war man zwar nur wenige Meter entfernt (die neue, vierspurige Umgehungsstrecke gab es damals noch nicht) – aber auf der Wohnseite nach Süden würde der Verkehrslärm bestimmt nicht sehr störend sein.
Mein Vertrauen in die Geschäftstüchtigkeit meines Gatten war grenzenlos – nach unserer anfänglichen Zitterpartie war es seit fünf Jahren kontinuierlich aufwärts gegangen. Ein bisschen stolz dachte ich auch, dass ich durch meine Arbeit und die Mitarbeit im Betrieb daran nicht ganz unbeteiligt war. Und schließlich hatte ich seinem, unserem Erfolg auch einige Opfer bringen müssen...
Außerdem – als rechte Schwäbin hatte ich, als ich selbst verdiente, einen Bausparvertrag abgeschlossen und regelmäßig einbezahlt. Das würde uns jetzt sicher auch zu Gute kommen!

Kurze Zeit später teilte der Teppichhändler (ich nenne ihn im Folgenden Mr.X, da er oft englisch sprach und auch sein Name englisch klang) uns mit, dass er am folgenden Wochenende unsere guten, neuen Stücke vorbeibringen werde. Er sei im Schloss XY, keine sechzig Kilometer von uns entfernt und hole dort alte, wertvolle Teppiche und sonstige Antiquitäten ab.

Mit einem imponierenden, anthrazitmetallic-glänzenden Mercedes inclusive Chauffeur fuhr er vor. Letzteren nannte er "Jack" und der war anscheinend Bodyguard, Chauffeur und Träger in Personalunion. Geschätzte 1,95 groß, 120 Kilo schwer, Bizeps-Umfang mindestens sechzig Zentimeter.

Die Teppiche warf er sich alle auf einmal über die Schulter, unseren schweren, schmiedeeisernen Wohnzimmertisch hob er weg, als wäre es Sperrholz.

Der Teppich mit dem geometrischen Muster passte wirklich perfekt ins Wohnzimmer. Seine dezenten Farben und Ornamente gaben dem Zimmer eine ganz neue, vornehm-zurückhaltende Eleganz. Die dazu gehörige Brücke vervollständigte diesen Eindruck.

Der Lebensbaum musste vorläufig ins Schlafzimmer meines Mannes. Später, im neuen, geräumigen Haus, würde er an einer Wand über zwei Etagen hängen, stellten wir uns vor.

"Ach, Sie wollen demnächst bauen? Da habe ich Ihnen dann nachher noch ein anderes Angebot zu machen! Aber zuerst soll Jack ihnen meine Überraschung präsentieren!"

Also entrollte Jack schwungvoll einen weiteren Teppich, der bislang unbeachtet am Eingang gelegen hatte.

Eine theatralische Geste von Mr.X, zu mir gewandt:

"Voilà, für Sie und die Kinder!"

Fassungslos blickte ich auf den zwar nicht so fein geknüpften, aber sehr schön gemusterten Teppich.

"Waaaas? Sie wollen mir den doch nicht etwa schenken?"

"Natürlich. Ich sagte doch: für Sie und die Kinder! Ich finde Ihre kleine Familie einfach sympathisch – und es war eine Freude, mit Ihnen Geschäfte zu machen!"
"Darauf müssen wir was trinken!"
Wilfried holte seinen besten Whisky und goss ihn – wie es sich unter Kennern gehörte – ohne Eis in vier Gläser. Man prostete sich zu – Jack stürzte den Whisky auf einen Schluck runter. Sein Chef bat ihn, unten im Wagen zu warten, er habe noch etwas mit uns zu besprechen.

Als wir mit Mr.X alleine waren, erzählte er, welche Antiquitäten er gerade im Schloss gekauft oder in Kommission genommen hatte. Ob wir nicht an diesem oder jenem für unser neues Haus interessiert wären?
Wir hielten dagegen, dass wir leider (noch) keine Millionäre seien und nach dem Teppichkauf keine Mittel mehr zur Verfügung hätten.
"Und wenn ich Ihnen die Möglichkeit bieten würde, mehr zu verdienen, als Sie mir gerade für die Teppiche bezahlt haben?"
Sprachlos fragende Blicke unsererseits...
"Im Schloss habe ich ein extrem wertvolles Gemälde eines alten holländischen Meisters angekauft – für einen geradezu sagenhaft günstigen Preis. Einzige Bedingung des Verkäufers war, dass nicht bekannt wird, woher das Gemälde stammt – um zu vermeiden, dass man erfährt, in welcher finanziellen Zwangslage er sich befindet. In meiner Kartei habe ich einen Sammler solcher Gemälde, der mit Sicherheit das Doppelte dafür bezahlen wird. Dieser Mensch ist nur etwas sonderbar und kauft ausschließlich von privat. Wir könnten das Bild also kurze Zeit bei Ihnen im Wohnzimmer aufhängen – es würde an diese Wand hier sogar passen, als wäre es immer dort gehängt.

Ich mache ein Foto, zeige es dem Interessenten und komme dann mit ihm zusammen hierher, um den Verkauf abzuwickeln."
"Aber wir können doch gar nicht nachweisen, dass das Gemälde echt ist und dass es uns gehört!"
"Kein Problem." Er öffnete seinen Aktenkoffer.
"Sehen Sie, hier habe ich drei unabhängig voneinander erstellte Expertisen von Frau Dr. Z. in München, Prof. Y in Amsterdam und Prof. P. in Zürich – alles anerkannte Spezialisten für alte, holländische Meister. Diese Expertisen bringe ich dem Interessenten und sage, dass Sie durch Ihren Hausbau gezwungen sind, das Gemälde zu verkaufen. Und damit Sie wissen, in welcher Größenordnung sich das Geschäft bewegen wird: ich habe fünfzigtausend DM bezahlt – die Quittung habe ich hier (er hob ein einzelnes Blättchen in die Höhe), und laut den Expertisen ist das Bild etwa 120 –150 Tausend DM wert. Wenn wir es für 100 000 anbieten, ist es für den Interessenten also ein Schnäppchen – und Sie und ich haben jeweils 25 000 DM verdient!"
Sprachlos blickten wir uns an.
"Ist das denn legal?"
"Warum denn nicht? Ich habe das Gemälde offiziell erworben und bezahlt – wer hindert mich, es an Sie weiterzuverkaufen? Und wer hindert Sie, es dann ebenfalls wieder zu verkaufen, wenn Sie ein gutes Geschäft damit machen? Und es ist schließlich nicht verboten, Gewinn zu machen – oder?"
Es klang eigentlich alles logisch – und für uns natürlich sehr verlockend...
"Können wir das Gemälde mal sehen?"
"Natürlich. Moment, ich muss Jack Bescheid geben, dass er es heraufbringt!"

Durchs Fenster rief er ihm zu, er solle den flachen, großen schwarzen Koffer heraufbringen.
"Danke, Jack – Sie können dann wieder unten warten!"
Mr. X öffnete die drei Kombinationsschlösser, mit dem Rücken zu uns, klappte den Deckel auf und drehte sich dann um.
"Hier, sehen Sie – ist das nicht eine Augenweide?"
Das war es tatsächlich. Da lag, auf weinrotem Samt, ein etwa 40 mal 60 Zentimeter großes Gemälde mit üppig verziertem Goldrahmen.
Eine Landschaft am Meer, in Farben wie Delfter Porzellan, mit zwei Mädchen in der typischen, alten niederländischen Tracht, die gerade vor einer Art Fischerkate einen langen Holztisch deckten.
Ein seltsam blasses, durchscheinendes Licht lag auf ihren weißen Hauben und den Gesichtern.
Das Motiv nahm mich sofort gefangen.
Ja, das musste wirklich von einem begnadeten Künstler gemalt worden sein!
"Wie heißt der Maler?"
"Jan Vermeer van Delft, der im 17. Jahrhundert lebte, hat es gemalt."
"Entschuldigung – von diesem Künstler habe ich noch nie gehört."
Aber auch darauf war Mr. X vorbereitet, nahm die Kopie mehrerer Seiten aus einem Kunstbuch heraus und gab sie mir zu lesen.
Neben den drei abgebildeten Gemälden "Dorfgasse", "Frau am Spinett" und "Die Spitzenklöpplerin" stand, dass Jan Vermeer von 1632 bis 1675 gelebt habe, verheiratet gewesen war und 10 Kinder hatte (!!!). Zu Lebzeiten erlangte er wenig Ruhm – seine Bilder wurden sogar lange Zeit anderen Meistern zugeschrieben. Sein mit gro-

ßem Können verteiltes Licht, die kalten, silbergrauen Farben, seine feine Beobachtungsgabe machen ihn jedoch zu einem der größten Maler aller Zeiten. In seinen Bildern herrscht eine stille Atmosphäre, und seine Gestalten bewegen sich mit großer Anmut und Ruhe. Seine Farben sind harmonisch und die Bilder sind von einem zarten, schimmernden Licht durchtränkt. Anders als seine Zeitgenossen Frans Hals, Rembrandt, Velasquez oder Caravaggio war er lange Zeit in Vergessenheit geraten und wurde erst im 19. Jahrhundert wiederentdeckt.
Es folgten noch viele begeisterte Aussagen über das Werk und die Arbeitsweise des Meisters.
Ich gab die Blätter an Wilfried weiter.
"Ja, mit den Expertisen zusammen scheint das nun wirklich alles den Tatsachen zu entsprechen," meinte er nach kurzem Überlesen.
"Nun, dann können wir ja jetzt zum geschäftlichen Teil unserer Vereinbarung kommen!"
Irgendeine Sicherheit, meinte Mr.X, müsse er schon haben, schließlich habe er die 50 Tausend bereits bezahlt – siehe Quittung.
Er würde vorschlagen, dass wir ihm über diesen Betrag einen Wechsel unterschreiben, der natürlich nie eingelöst werde. Das Risiko liege auf diese Weise ja auch voll bei ihm – schließlich könnten wir das Bild ohne seine Mithilfe verkaufen und mit ihm garnicht mehr teilen wollen. Aber er habe Vertrauen zu uns. Wenn wir von seinem Kunden den vollen Kaufpreis kassiert und mit ihm geteilt hätten, würde der Wechsel einfach zerrissen.
Zugegeben – mit Wechseln kannte sich keiner von uns beiden aus – aber das Angebot klang so realistisch und verlockend, schien völlig legal zu sein – also, warum den Wechsel nicht unterschreiben?

Das Bild wurde aufgehängt, Mr.X machte einige Fotos mit einer kleinen Kamera – auch mit uns auf dem Sofa unter dem Gemälde – dann waren wir allein mit dem wertvollen Stück.
An jedem der folgenden Abende luden wir liebe Freunde ein, um ihnen zu zeigen, was da für kurze Zeit bei uns hing. Aber schon die ersten – mein Schulleiter vom Landschulpraktikum und seine Frau, äußerten starke Bedenken ob der Rechtmäßigkeit der geplanten Transaktion und verschafften uns so eine schlaflose Nacht. Als aber unser Steuerberater mit seiner in Sachen Kunst sehr versierten Frau unsere Interims-Errungenschaft als absolut gefährlich einstufte, sank unsere freudige Gewinnerwartung auf Null. Wir müssten damit rechnen, dass das Bild keine zehntausend wert sei, dass wir Mr.X wohl nie wiedersehen und uns statt dessen demnächst der Wechsel belastet werden würde...
"Aber, wir haben doch seine Adresse, kennen doch sein großes Teppichgeschäft in Düsseldorf!"
"Habt ihr die Quittung von dem angeblichen Schloss-besitzer, der ihm das Bild verkauft hat?"
Betretenes Kopfschütteln.
"Habt ihr dann wenigstens die Expertisen oder Kopien davon?"
"Nein, die muss er ja dem Interessenten zeigen – zusammen mit den Fotos, die er hier gemacht hat!"
"Gibt es Zeugen dafür, dass dieser ominöse Mr.X bei euch war?"
Nein, auch die gab es nicht.
Oh Gott, was tun?
Waren wir etwa dabei, in eine ähnliche Situation zu schliddern, wie wir sie damals mit dem gestohlenen Auto erlebt hatten – nur jetzt um ein Vielfaches schlimmer?

Man dachte sich einen Plan aus, wie man wieder an den Wechsel käme. Wie konnte man Mr.X dazu bewegen, herzukommen? Einzige Möglichkeit sei, meinte der Steuerberater, mit einem erhöhten Angebot.
Gesagt, getan. Wir riefen ihn an, sagten, einer unserer Besucher sei ernsthaft an dem Werk interessiert, er habe gerade eine größere Erbschaft gemacht und würde sofort 100 Tausend, wenn nicht 120 Tausend bezahlen – wir bräuchten dringend seine Unterstützung bei den Verhandlungen.
Gottlob! Die Aussicht, wesentlich mehr als die Wechselsumme zu kassieren, wirkte.
Ob er am Wochenende kommen könne – unser Käufer wolle nämlich ebenfalls nicht, dass die Transaktion publik werde.
Ja, meinte er, Freitag Nachmittag müsste gehen...
"Und, bitte, bringen Sie die Expertisen mit und natürlich auch unseren Wechsel – sonst müssen wir tatsächlich die Gesamtsumme behalten," sagte mein Mann, und nicht einmal seine Stimme zitterte dabei...

Wir brauchten zur Durchführung unseres Krimis natürlich Helfer. Unser Steuerberater und seine Frau schieden aus – die Sache war ihnen zu "heiss".
Also würden der Tankstellen- und Angelfreund und seine Frau die Kaufwilligen mimen. Man könnte ja durchblikken lassen, dass die Frau einzige Tochter und Erbin eines großen Autohauses sei (was sogar stimmte).

Die zwei Tage bis Freitag vergingen in ziemlicher Nervosität. Wir hatten gewaltige Angst, dass Mr.X doch noch absagen würde.
Freitag, 16 Uhr. Unsere Freunde saßen, mit einem wert-

voll wirkenden, braunen Schlangenlederkoffer zwischen sich auf dem Sofa – nervös im Wohnzimmer und tranken den damals unvermeidlichen Whisky. Ich stand auf der Lauer am Kinderzimmer-Fenster, da mir die Aufgabe zugedacht worden war, sofort beim Eintreffen der schwarzen Limousine hinunter zu rennen und dafür zu sorgen, dass nicht etwa der Muskelmann mit nach oben kam.
Und da rollte das Auto auch schon langsam über den Schotter des Hofes, hielt an, Jack öffnete die hintere Wagentür und Mr.X mit seinem Aktenköfferchen stieg aus.
Bevor sie klingeln konnten, öffnete ich die Tür, sagte Mr.X, dass die Käufer keinesfalls andere Personen beziehungsweise Zeugen dabei haben wollten und er möchte doch seinen Chauffeur bitte im Auto warten lassen. Wenn er uns nicht traue, könne der ja den Eingang im Auge behalten, damit wir nicht mit dem Geld entwischen könnten, fügte ich ganz cool (würde man heute sagen) hinzu.
Ich ging mit ihm nach oben, brachte ihn ins Wohnzimmer, stellte ihm die Freunde (unter dem vorher vereinbarten Pseudonym) vor.
Er setzte sich, bekam ebenfalls einen Whisky eingegossen, man trank "auf das gute Geschäft, das wir machen werden"...
Dann folgte ein wenig verkrampfter Smalltalk über die Kunst des 17. Jahrhunderts im Allgemeinen und Jan Vermeers Werk im Besonderen.
"Sie wollen dieses einmalige Kunstwerk also kaufen?" fragte schließlich Mr.X mit leichter Ungeduld.
"Ja, schon, aber Sie sollten uns doch zuerst einmal die Expertisen zeigen, die uns versprochen wurden!"
"Natürlich, gerne – hier bitte!"

Jens und Ilona schauten sich die drei Expertisen mit den vielen Stempeln auf den Unterschriftsseiten ausgiebig an. Ich hatte zwischenzeitlich – wie vorher vereinbart – aus den Betriebsräumen unten unseren Dobermann Bobby geholt und nahm ihn mit nach oben.
Bobby sauste sofort ins Wohnzimmer, knurrte gefährlich, als er Mr.X erblickte und legte sich auf Wilfrieds Befehl zu seinen Füssen hin.

Jens stellte gerade fest, das scheine ja alles seine Ordnung zu haben, und ihnen wäre das Gemälde daher 100 000 DM wert. Die hätten sie dabei – in bar. Und er streichelte liebevoll das Schlangenlederköfferchen...
"Moment noch," wandte Wilfried wie zufällig ein, "da wäre noch die Sache mit dem Wechsel! Sie haben ihn doch hoffentlich dabei?"
"Natürlich," Mr.X griff wieder in seinen Aktenkoffer, nahm das bedeutungsvolle Papier heraus und hielt es hoch. "Hier ist er!"
Mit einem blitzschnellen Griff entriss Wilfried ihm das Blatt, schaute kurz darauf.
"Ja, das ist das Original, das ich unterschrieben habe," sagte er zu Jens. "Dann können wir jetzt die Sache zu Ende bringen!"
Jens stand auf, nahm das Bild von der Wand, legte es in den chicen Koffer mit weinrotem Samt und legte diesen vor Mr.X auf den Tisch.
"Nehmen Sie Ihren Koffer und verschwinden Sie," sagte Wilfried kalt, "wir sind quitt!"
Mr. X lief rot an im Gesicht, sprang wütend auf, wollte auf meinen Mann losgehen – aber da schoss auch schon Bobby auf ihn zu und hätte ihm sicher den Arm zerfleischt, wenn er nicht zurückgehalten worden wäre.

*Der „Lebensbaum“ – Teppich hängt schon*

"Und Ihnen habe ich vertraut! Sie sind Betrüger!" schrie er. "Ich werde Sie auf Schadenersatz verklagen!"
"Tun Sie das!" sagte mein Mann seelenruhig. "Darf ich Sie zu Ihrem Wagen bringen? Soll ich den Koffer mit dem Bild tragen?" fügte er hämisch grinsend hinzu.
Mr X war derart erregt, dass er anscheinend nicht mehr sprechen konnte. Er verließ grußlos das Zimmer, ging hinter Wilfried und Bobby die Treppe hinunter und herrschte seinen rauchend vor der Haustüre stehenden Fahrer an "wir gehen!"
Als sie losfuhren, ließ Wilfried den Hund los und der umkreiste mit heiserem Bellen das Auto, bis es den Hof verlassen hatte.
Erst dann atmeten wir auf, fielen erleichtert und dankbar unseren Freunden in die Arme und lachten, lachten, lachten vor Freude, diesem gefährlichen "Kunstkrimi" entronnen zu sein.

Eine kleine Unsicherheit blieb aber zumindest bei meinem lieben Mann: was, wenn das Gemälde tatsächlich echt war und wir uns ein Supergeschäft hatten entgehen lassen?
Ich jedenfalls entschloss mich damals für alle Zeiten, mein Geld zukünftig risikolos und ehrlich zu verdienen. Und auch, als ich in späteren Jahren selbst eine private Galerie eröffnete, war ich für "alte Meister" nicht zu haben...

# Sonnenfinsternis

Nein, eine echte, astronomische Sonnenfinsternis gabs in diesem, unserem "verflixten 7. Jahr" nicht.
Es begann eigentlich ganz positiv mit den Überlegungen für unser neues Haus. Ich hatte mir vorgestellt, dass ich als Hobby-Architektin unsere eigene und die Mietwohnungen planen dürfte. Die Betriebsräume waren natürlich Sache des Chefs...
Aber das, was ich an einsamen Abenden als Diskussionsgrundlage penibelst auf Millimeterpapier gezeichnet hatte, wurde mit einer einzigen Handbewegung weggewischt.
Man müsse viel großzügiger planen – schließlich sollte unser Erfolg nun endlich auch durch unsere Wohnung dokumentiert werden.
Ein renommierter Architekt wurde mit der Planung beauftragt und ich durfte nur noch in begrenztem Umfang Wünsche und Bitten äußern.

Bei einem Winterwandertag holte ich mir eine schwere Grippe, gefolgt von einer heftigen Blasenentzündung und schließlich auch noch einer Nierenbecken-Entzündung.
Zum ersten Mal fehlte ich längere Zeit in der Schule.
Da ich mich nur langsam erholte, bekam ich die erste Kur meines Lebens verschrieben – abgesegnet vom Amtsarzt wurde ich Ende März für drei Wochen ins mondäne (für meine Verhältnisse) Baden-Baden geschickt.
Am ersten Wochenende sollte mich für zwei Tage meine Familie besuchen. Wilfried holte die Kinder bei meinen Eltern ab. Es war das erste Mal, dass sie alleine mit ihrem Vater unterwegs waren.
Als sie ankamen, saßen sie völlig verschüchtert auf der Rückbank des Porsche. Sie hatten auf der ganzen Strecke nicht reden dürfen, weil der Papa Radio hören wollte. Die Armen – sie verglichen die Fahrt natürlich mit denen, wenn "wir drei" unterwegs waren. Da wurde gesungen, geblödelt, Autoschilder-Rätsel gemacht und vieles mehr.
Ich täuschte Heimweh vor, gab zu bedenken, was die zwei Hotelzimmer kosten würden und dass es viel billiger wäre, wenn ich mit nach Hause fahre und am Montag mit der Bahn zurück.
Nach einem Bummel durch die Stadt, einem Besuch im "Muss-Café" der mondänen Gesellschaft, einem Spaziergang durch die Lichtenthaler Allee fuhr also die ganze Familie nach Hause und ich erzählte unterwegs meine Kur-Erlebnisse, um die Stimmung etwas aufzuheitern.
Am zweiten Wochenende fuhr ich dann gleich selbst mit meinem eigenen Auto nach Hause...
Etwas muss ich noch beichten: seit meiner Hochzeitsreise, als man mir – da nach damaligem Recht nicht volljährig – den Eintritt in die Lindauer Spielbank

verwehrte, hatte ich kein Casino mehr betreten. Bei meinen Spaziergängen durch den Kurpark, in dem ganze Krokus- und Narzissenwiesen blühten, kam ich zwangsläufig am Casino vorbei. Eines Nachmittags löste ich eine Eintrittskarte. Um diese Tageszeit waren sehr wenige Besucher da und ich konnte mir in Ruhe alles anschauen. Die Art, wie die Spieler nonchalant Anweisungen gaben, wie ihre Einsätze verteilt werden sollten, faszinierte mich. "12 plein!" Transversale ...", Finale …!"
Andere saßen ganz bescheiden da und legten selbst Jetons auf rouge, noir, pair, impair, bei denen im Falle des Gewinnes sich der Einsatz nur verdoppelte...
Ich bekam Lust, es ebenfalls zu probieren, ließ zwanzig Mark in 5er-Jetons wechseln und setzte, wie die anderen Bescheidenen, auf die "einfachen" Möglichkeiten.
Und tatsächlich hatte ich nach kaum einer halben Stunde meinen Einsatz verdoppelt. Einige kleine Verluste folgten, dann wurde ich mutiger, setzte auch mal zwei oder drei Jetons auf rot oder schwarz und hörte, als ich bei insgesamt 100 DM angelangt war, auf. Den Schein, den ich an der Kasse erhielt, verstaute ich stolz im Geheimfach meines Portemonnaies. An neun weiteren Nachmittagen ließ ich jeweils 20 DM wechseln.
Die Croupiers kannten mich bald, lächelten freundlich trotz meiner Spareinsätze, freuten sich mit mir, wenn ich gewonnen hatte. Am Ende meiner Kur konnte ich ein Plus von insgesamt 1050 DM verbuchen.
Das reichte genau für einen kleinen, chinesischen Teppich, den ich täglich beim Stadtbummel im Schaufenster eines exklusiven Geschäftes bewundert hatte.
Ob diese positiven Erlebnisse dazu beigetragen hatten, dass mir die Kur sehr gut bekam?

Jedenfalls kam ich mit neuen Kräften in Schule, Familie, Haushalt und Betrieb zurück

Zwei Tage vor den Sommerferien bekam ich während einer Englischstunde rasende Bauchschmerzen, wurde sofort ins nahe Krankenhaus geschickt und musste gleich dort bleiben. Diagnose: akute Blinddarm-Entzündung!
Im Nu lag ich auf dem OP-Tisch, drei Stunden später im blütenweißen Klinikbett. Es sei "5 vor 12" gewesen, sagte der Arzt, und: ich hätte doch eigentlich schon seit Tagen Schmerzen haben müssen...
Wilfried kam, brachte mir einen Strauß der geliebten, duftenden Freesien und fragte, ob er die Ferienwohnung am Lago Maggiore abbestellen solle. Ach, du liebe Zeit!

*Ein seltenes Bild*

Meine Eltern und ich hatten ja zwei nebeneinander liegende Wohnungen bestellt – für drei Wochen!
Doch als am nächsten Tag meine Eltern mich besuchten, wusste Papa sofort Rat:
"Nein, die Wohnung wird nicht abbestellt! Nach dieser Operation hast du Erholung dringend nötig. Wir fahren übermorgen mit den Kindern schon mal voraus und du kommst nach, sobald es dir besser geht!" – Mit dieser Aussicht ging es mir bald besser, sodass mich mein Mann schon eine Woche später nach Locarno bringen konnte. Er blieb zwei Tage da und fuhr sonntags wieder zurück.
Die folgenden Wochen waren wohl die erholsamsten, entspanntesten Ferien, die ich je mit den Kindern und meinen Eltern verbracht habe.
Auf der Rückfahrt konnte es Papa allerdings nicht lassen, den Kindern den San-Bernardino-Pass zu zeigen und sich mit ihnen genau dort eine Schneeballschlacht zu liefern, wo ich fünfzehn Jahre zuvor an Mumps erkrankt war...

Das Schuljahr begann mit der unangenehmen Mitteilung, dass meine "zweite Lehrauftragshälfte" wegen Krankheit ausfiele und ich daher, da keine Vertretung käme, mehr Stunden unterrichten müsse. Und das in so ungeliebten Fächern wie Mathematik und Geschichte. Leser, die meinen Band "Erwachsen werden..." kennen, erinnern sich vielleicht an die "Geschichte mit der Geschichte" – nämlich meiner mündlichen Abi-Prüfung in diesem Fach.

Und, was noch schlimmer war: für diese Fächer war ich auch noch in den Klassen fünf und sechs vorgesehen, aus denen ja kurz zuvor die Elite in die weiterführenden Schulen weggegangen war.
Dabei wollte ich im Verlauf dieses Schuljahres meine

2. Dienstprüfung ablegen – und die Zulassungsarbeit sollte aus der praktischen Unterrichtstätigkeit erwachsen...
Auch die Stundenplangestaltung kostete mich viele Kämpfe mit dem Konrektor und Kollegen.
Mit den zusätzlichen Stunden hatte ich nun an vier Tagen Unterricht – und davon zweimal nachmittags.
Und das, wo ich doch nun auch einen Schüler zuhause zu betreuen hatte!
Matthias kam nämlich drei Tage nach Schuljahrsbeginn in die erste Klasse der Schule, neben der wir bald wohnen würden.
Erstaunlicherweise hatte mein Chef mir an diesem Tag frei gegeben – Gott sei Dank! Denn der Papa des Erstklässlers zog es vor, für vier Tage zum Angeln an den Walchensee zu fahren. Immerhin hatte er für die Schultüte einige Spielzeugautos gestiftet...
Meine Angst, als Einzige wie eine alleinerziehende Mutter dazustehen, war aber insofern unbegründet, dass mehrere andere, werktätige Väter für diesen Anlass keinen Urlaub bekommen hatten und die Mütter daher höchstens noch durch die Großeltern verstärkt wurden.
Matthias' Schulanfang gestaltete sich auch relativ problemlos – er hatte eine nette Lehrerin, für die er bald stundenlang zuhause Bilder malte.
Wir hatten auch lange vor dem Schulstart schon spielerisch mit Wort-Bild-Karten die jetzt gerade praktizierte Ganzwort-Methode geübt – und sogar Judith (inzwischen vier) machte begeistert mit, erkannte Wörter wie "Schirm", "Sonne", "Auto" u.a. auch ohne Bilder wieder.
Wenn die Kinder abends im Bett waren, begann bei mir wieder einmal das Arbeiten an einer Zulassungsarbeit.
Und – wie schon bei der ersten, musste ich mich in ein Thema einarbeiten, das mir eigentlich überhaupt nicht

lag: "Die Industriegasse des Fils- und Neckartales" am didaktischen Beispiel der Behandlung in der 5. Klasse. Verbissen wühlte ich mich in den ungeliebten Stoff und versuchte, ihm etwas Würze zu verpassen – getreu dem Goethe-Wort "Alles, womit wir uns mit Ernst befassen, bildet Organe in uns."

Seit unserer Rückkehr aus den Ferien fand ich meinen Mann irgendwie verändert. Er brachte nun plötzlich die "Blättle" für die Albrandgemeinden, die ich früher mit den Kindern ausgefahren hatte, selbst weg, ging danach ans gepachtete Fischwasser an der Fils und von dort direkt zu seinen Herrenabenden, von denen er manchmal erst um drei oder vier Uhr morgens zurückkam.
Als ich einmal vorsichtig fragte, was man denn sieben Stunden oder länger an einem Kneipentisch oder an einer Bar so mache oder rede, wurde er wütend, sagte, man bleibe ja schließlich nicht die ganze Zeit im selben Lokal. Nein, manchmal fiele es irgend jemand ein, man könnte schnell mal nach Stuttgart, Schwäbisch Gmünd oder Geislingen fahren – auch bis Ulm sei man so schon gekommen. Außerdem – was sollte er denn zuhause? Ich sitze ja jeden Abend bis Mitternacht an meiner brotlosen Schreiberei.

An anderen Abenden hatte er Besprechungen mit dem Architekten, dem Bauunternehmer, den Handwerkern, denn die konnten alle erst nach Feierabend...
Und viele Nachmittage verbrachte er Kaffee trinkend in der Tankstelle des Freundes oder bei Frau Schurr.
Die Kinder bekamen ihren Papa kaum mehr zu sehen – und ich begann allmählich darüber nachzudenken, woraus unsere Ehe eigentlich noch bestand.

Da ich den Eindruck hatte, dass Frau Schurr ihn besser kannte als ich, klagte ich ihr mein Leid.
Ziemlich gnadenlos meinte sie:
"So haben Sie ihn doch von Anfang an kennen gelernt, nicht wahr? Seit frühester Jugend beansprucht er seine Freiräume – er ist nun mal kein Familienmensch, dafür haben seine Mutter und die Großmutter schon gesorgt."
"Aber ich fürchte, dass wir beide auf der Gefühlsebene eben auch auf der Strecke bleiben!"
"Wenn Sie ihm seine kleinen Freiheiten lassen, nicht zuviele Fragen stellen, wird er immer wieder zu Ihnen zurückkommen?"
Zurückkommen? War er denn weg von mir, von uns? Was wusste Frau Schurr, was ich nicht wusste?
Ich arbeitete mit noch mehr Vehemenz an meiner Zulassungsarbeit, schaffte es, sie Mitte Oktober abzugeben.
Zehn Tage Herbstferien standen vor der Tür.
Gemeinsamkeit – ich wollte sie erzwingen. Er konnte es mir nicht abschlagen, ein paar Tage mit mir zu verreisen. Was würde ihm gefallen? Seit Jahren versprach er mir, wir würden einmal zu seinem Pariser Freund Frédéric fahren, der uns schon öfters hier besucht hatte.
Dessen Telefonnummer fand ich im Termin-Kalender auf dem Schreibtisch im Chefbüro. Dort schaute ich auch nach, ob an den fraglichen Tagen Termine eingetragen waren. Nein, alles war frei.
Kurzerhand rief ich Frédéric an, erzählte ihm, was ich vorhatte und bat ihn, für uns ein hübsches Hotel in seiner Nähe zu suchen – ich wolle Wilfried damit überraschen.
Er fand die Idee "süpär", rief bereits zwei Stunden später zurück, er habe in einem kleinen, sauberen Hotel bei ihm um die Ecke gebucht, in dem "Wiwi" (wie die französi-

schen Freunde meinen Mann nannten) sehr zufrieden gewesen sei.
Wilfried kannte es? Hatte er nicht immer bei Frédérics Eltern übernachtet, wenn er alleine nach Paris gefahren war?
Ach, sicher hatte ich irgend etwas überhört.
Ich malte liebevoll einen Geschenkgutschein "zur Feier der Fertigstellung meiner Zulassungsarbeit", auf dem ich ihn zu einer Paris-Kurzreise einlud. Da grade wieder mal Herrenabend war, legte ich ihm den Gutschein mit einem Schokoladenherzchen auf das Kopfkissen.
Lange versuchte ich krampfhaft, wach zu bleiben – aber dann schlief ich doch ein, bevor er nach Hause kam. Am nächsten Morgen erwartete ich ein zärtliches Dankeschön. Weit gefehlt! Ich bekam eine harsche Rüge.
"Du hättest mich vorher fragen müssen! Ob ich meine Termine so kurzfristig absagen kann, weiß ich noch nicht!"
Abends fragte ich nach, am nächsten Tag erneut. Am dritten Tag sagte ich dann, ich müsse jetzt unbedingt Frédéric Bescheid geben, da dieser sonst das Hotelzimmer abbestellen müsse – außerdem sollte ich ja auch Mama endgültig Bescheid geben wegen der Kinder.
"Wo hast du das denn noch herumposaunt, ohne mich zu fragen? Das kommt ja einer Erpressung gleich!"
"Ich hatte tatsächlich gedacht, du freust dich – und Frédéric fand die Idee unheimlich nett!"
"Na, dann fahren wir halt. Aber wir können frühestens Freitag los – und Sonntag Abend muss ich zurück sein!"
Besser als nichts, dachte ich...

In meinem chicsten Hosenanzug saß ich stolz und glücklich neben ihm, schaute ihm zu, wie er konzentriert,

aber ziemlich schnell, den Porsche lenkte, dachte wieder einmal, wie sehr ich dieses Profil liebte. Ja, ich liebte diesen Mann wie am ersten Tag...
Und trotzdem war da auch ein wenig Tristesse in mir – er war so verschlossen, schien so weit von mir entfernt zu sein. Aber, (ich musste an Frau Schurr denken), so war er schon immer. Nie hatte er viele Worte gemacht – weder im Alltag, noch, wenn wir zusammen unterwegs waren. Ins Erzählen kam er eigentlich nur, wenn er von Reisen, aufregenden Erlebnissen, Angelerfolgen berichten konnte.

Die Eltern seines Freundes empfingen uns herzlich. Seine Mama schien "Wiwi" sehr zu mögen, fragte mich, wie lange ich diesen "Löwen" denn schon bändige?
"Sieben Jahre!"
"Et vous êtes toujours heureuse?"
Ja, versicherte ich, ich sei immer noch glücklich, und zwar "très heureuse".
Sie lächelte fein. Oder war da eine Spur von Ironie?
Warum sah ich plötzlich überall Verdachtsmomente? War ich so überarbeitet, dass ich hysterisch wurde?
Mein Mann gab sich Mühe, war charmant, zeigte mir Paris, ging sogar mit mir in den Louvre.
Und einige Male legte er beim Bummeln liebevoll den Arm um mich...
Insgeheim dachte ich, dass man schon sehr bescheiden wird, wenn man der Zärtlichkeiten entwöhnt ist.
Am Sonntag drängte er darauf, vor Mittag loszufahren – sonst käme man womöglich in den Ferien-Rückreiseverkehr.
Gegen neun Uhr abends waren wir zu Hause. Die Hunde begrüßten uns begeistert und wir nahmen auch Bobby aus seinem Zwinger mit nach oben.

Wilfried stellte unsere Reisetaschen ab.
"Nicht wahr, du bist mir nicht böse, wenn ich kurz noch was trinken gehe? Wir waren ja jetzt drei Tage pausenlos zusammen!"
"Sei still – er braucht seine kleinen Freiheiten," sagte ich mir, telefonierte mit meinen Eltern, sagte ihnen, dass ich am nächsten Tag die Kinder abholen würde.
Dann öffnete ich die Flasche Likör, die mir Frédérics Mutter geschenkt hatte. Der blödsinnige Spruch "wer Sorgen hat, hat auch Likör" fiel mir ein. Es war ein giftgrüner, dickflüssiger "Chartreuse" mit intensivem Pfefferminzaroma. Pur absolut nicht trinkbar, fand ich nach kurzem Nippen. Eventuell heiß mit Pfefferminztee? Ja, das schmeckte tatsächlich sehr gut – und außerdem irgendwie ‚gesund'.
Ich trank mehrere Gläser davon, aß dazu ein ganzes Paket gefüllter Schoko-Lebkuchenherzen.
Als ich gegen zwei Uhr die Hunde ein letztes Mal rausließ, musste ich mich am Treppengeländer festhalten. Hatte ich etwa von diesem Pfefferminztee einen Schwips? Mein Bett schwankte ebenfalls – so musste es sein, wenn man auf See übernachtet...
Irgendwie fühlte ich mich unwohl. Vorsichtshalber stand ich wieder auf, ging zur Toilette – und da ging's auch schon los! Unter schrecklichem Würgen erbrach ich mich. Es hörte überhaupt nicht mehr auf – ich hatte den Eindruck, ich müsse alles, was ich die letzten drei Tage gegessen hatte, wieder von mir geben.
Währenddessen war Wilfried zurückgekommen, hatte wohl meine Würgegeräusche und Hustenanfälle gehört, erwartete mich vorwurfsvoll (ja, vorwurfsvoll, nicht etwa besorgt!) vor der Tür.
"Was ist denn mit dir los?"

"Ha, vielleicht bin ich schwanger!" sagte ich frech.
Er wurde kreidebleich und zischte:
"Darüber solltest du besser keine Scherze machen!"
Natürlich – das war nun wirklich undiplomatisch von mir gewesen. Schließlich hatte es seit meiner Blinddarmoperation vor drei Monaten bis vorgestern keinen Grund dafür gegeben...
Verständlich, dass er eingeschnappt war.

In den folgenden Tagen verwöhnte ich ihn mit kreativster, französischer Küche, servierte ihm vor dem Essen einen Apéritif, stellte keinerlei Fragen, bemühte mich, ihn stets lächelnd zu empfangen, hielt ihm "die Kinder vom Leib", wie er es einmal verlangt hatte, wenn er vom Geschäft gestresst sei.
Eines Abends, als er durch das leckere Essen sehr positiv gestimmt schien, deutete ich an, dass ich nach Abschluss meiner Arbeit nun auch Zeit hätte, damit wir abends ab und zu zusammen etwas unternehmen könnten.
"Und die Kinder?"
"Kein Problem! Ulla oder Ursel kommen gerne mal für einige Stunden zum Babysitten."
Also zeigte er mir am nächsten Wochenende die Lokale, in denen er oft mit Freunden seine Abende verbringe. Er tat sehr vertraulich mit den Bedienungen, Kellnern und Barmännern. Täuschte ich mich, oder waren die tatsächlich erstaunt, wenn nicht befremdet über seine Kumpelhaftigkeit? Irgendwie wirkte er auch schrecklich nervös.
Plötzlich war ich mir ganz sicher – es gab eine andere Frau!
Aber ich war wild entschlossen, meine Ehe zu retten – schließlich liebte ich ihn unverändert und bewunderte sei-

nen Geschäftssinn, seinen praktischen Verstand, der mir in meiner romantischen Art so oft abging.

Inzwischen ragten auf unserer Baustelle bereits zwei Stockwerke in Sichtbeton aus dem ersten Schnee.
"Ziehet Sie denn au ei en des große Haus?" fragte mich die Metzgersgattin mit Betonung auf "Sie".
"Gell, Ihr Mann hat doch an rota Porsche?" fragte die Bäckersfrau bald darauf.
"Ja, warum?"
"Ha, in ledschder Zeit schtoht emmer oiner bei ons in dr Nebastroß – do hot er sicher gschäftlich zom doa, gell?"
In beiden Geschäften habe ich nie wieder eingekauft, was eigentlich sehr ungerecht war, denn diesen beiden Damen verdanke ich's, dass ich endlich erfuhr, was hinter den Veränderungen meines Mannes steckte...
Am nächsten Herrenabend fuhr ich gegen 23 Uhr die Straßen in der Nähe der Bäckerei ab.
Ich konnte es trotz aller Vorahnungen nicht fassen: da stand tatsächlich unverkennbar sein Auto!
Und gleich am nächsten Abend, als er einen Termin mit dem Architekten hatte, fand dieser anscheinend auch in dem adretten, kleinen Haus in der Nähe der Bäckerei, keine 300 Meter von unserer Baustelle entfernt, statt...
Wieder zwei Tage später hatte ich das "Glück", von meinem Beobachtungsposten aus den Porsche vorfahren zu sehen. Mein Mann ging um's Auto herum, öffnete die Beifahrertür (das hatte er bei mir seit sechs Jahren nicht mehr gemacht!) und ließ eine langhaarige Blondine aussteigen. Er schloss das Auto ab, legte den Arm um sie und sie gingen zusammen in das Haus.
Wie gelähmt saß ich da.
Tausend Gedanken schossen mir durch den Kopf. War das

das Ende meiner Ehe? Waren alle meine Anstrengungen in Familie, Beruf und Betrieb umsonst gewesen?
Schließlich fuhr ich nach Hause, schaute ins Kinderzimmer. Und hier, angesichts meiner friedlich schlafenden, hübschen Kinder, übermannte mich der Schmerz – schluchzend ging ich in mein Zimmer, ließ wie immer die Verbindungstür offen. Ich setzte mich auf den Rand meines Korbbettes, in dem schon Bello lag, schlug die Hände vors Gesicht und weinte hemmungslos.
Plötzlich spürte ich eine kleine Hand auf meinen zuckenden Schultern. Matthias stand im Pyjama vor mir, schaute mich mitleidig an.
"Tut dir was weh, Mama?"
"Ja," sagte ich und versuchte, mich zu beherrschen, "mir tut etwas sehr weh!"
Und da schlug mein kleiner, großer Sohn vor, er könnte mir eine Bettflasche machen, das helfe ihm ja auch immer bei Bauchschmerzen – oder, wenn ich Kopfschmerzen habe, dann würde er mir einen Eisbeutel bringen!
Ich dankte ihm und sagte, dass er mir schon dadurch geholfen habe, dass er sich so lieb um mich kümmerte.
"Weißt du Mama, wenn der Papa nicht da ist, dann muss halt ich auf dich aufpassen!" meinte er ernst und wurde förmlich einige Zentimeter größer ob dieser Verantwortung.
Ich schnäuzte mich heftig – jetzt nur nicht wieder weinen vor Rührung!
"Es geht mir wirklich besser. Du kannst beruhigt wieder ins Bett gehen! Schlaf gut, mein Großer!"
Er kletterte in die obere Etage des Stockbettes, legte von oben noch einmal seine Arme um mich und flüsterte: "Gute Nacht, Mama. Ich hab dich lieb!"
Da musste ich ganz schnell gehen...

Zum ersten Mal nahm ich Valium, schlief dann auch tatsächlich bald ein.
Am nächsten Morgen fragte ich Wilfried, ob er sich abends eine Stunde Zeit für mich nehmen könne.
"Ja, ich wollte sowieso auch mit dir reden!"
Da es mein schulfreier Tag war, fuhr ich mit den Kindern nach Stuttgart, kaufte ihnen wahllos alles, was sie gerne wollten.
Judith konnte es nicht fassen.
"Ist denn schon Weihnachten?"
Wir gingen noch Spaghetti essen beim Italiener. Nur nicht zu früh nach Hause kommen!
Abschalten – einfach nicht nachdenken.
Und heute Abend intuitiv, aber gelassen reagieren, nahm ich mir vor.

Die Kinder waren ins Bett gebracht – im Wohnzimmer lief eine Platte mit französischen Chansons. Wilfried trank seinen gewohnten Whisky, rauchte mit nervösen Zügen, drückte die Zigarette aus, als ich mich ihm gegenübersetzte.
"Willst du auch was zu trinken? Ein Glas Sekt vielleicht?"
(Sollte da was gefeiert werden?)
"Nein, danke. Mein Magen spinnt grade. Ich hab mir einen Tee gemacht - ich hole ihn mir schnell."
"Bleib nur – ich hole ihn dir!"
Er stand auf, kam kurz darauf mit einem Tablett zurück, auf dem ein Teeglas, die Kanne, die Zuckerdose und ein Teller mit Keksen standen.
Mit seltsam langsamen Bewegungen stellte er alles auf den Tisch, goss mir ein Glas ein.
"Zucker tust du dir wohl selber rein."
Schweigen. Dann räusperte er sich.

"Worüber wolltest du mit mir reden?"
"Über unsere Ehe, unser Familienleben, über diese andere Frau, mit der du deine Abende verbringst."
"Nun, wenn du das schon weißt, dann muss ich ja nicht lange drum herum reden. Ich liebe diese Frau, und ich will mit ihr zusammen sein."
"Aber, es ist doch nichts, was unsere Familie gefährden könnte, nicht wahr?"
"Doch, leider. Oder nicht leider, für mich," stotterte er.
Ich zitterte am ganzen Leib, konnte kaum meine Knie ruhig halten – mein Magen drehte sich förmlich um und messerscharfe Stiche bohrten sich in meine Stirn. Bloß nicht heulen!
"Und wie passt das zu unserem Familienleben, zu den Plänen mit dem Haus, mit dem Geschäft?"
"Gar nicht, ich weiß. Und deshalb will ich mich auch scheiden lassen."
"Du willst so verantwortungslos sein, und mich und die Kinder einfach verlassen?"
"Es gibt keine andere, ehrliche Möglichkeit. Dieses Mädchen – sie ist gerade mal 21 – ist wahnsinnig vernünftig für ihr Alter. Sie ist sich zu schade dafür, nur Geliebte zu sein."
"Was heißt ‚vernünftig für ihr Alter'? Ich hatte in dem Alter schon die Verantwortung für zwei Kinder!"
"Deine Qualitäten stellt ja auch niemand in Abrede. Aber ich liebe sie nun mal und werde mit ihr meine Zukunft planen. Das heißt nicht, dass ich nicht für dich und die Kinder weiterhin Verantwortung empfinde."
Ich verlor die Fassung, schrie förmlich -
"Ich pfeife auf dein Verantwortungsgefühl!"
Er sagte nichts mehr, trank aus, stand auf und ging achselzuckend hinaus.

Kurz darauf fuhr der Porsche so vom Hof, dass der Schotter nur so spritzte.
In dieser Nacht kam mein Mann nicht nach Hause...

Wie ich die nächsten Tage überstanden habe, weiß ich nicht mehr. Wilfried kam nicht mehr zum Essen nach oben, fuhr gleich nach Büroschluss weg.
Wo er das darauffolgende Wochenende verbrachte, habe ich nie erfahren – vor dem bewussten Haus stand sein Auto jedoch nicht.
Er war also sicher mit ihr verreist!
Und das nicht einmal drei Wochen nach unserem eigentlich so harmonischen Paris-Aufenthalt!
Ich versuchte, mich abzulenken, verbrachte jede freie Minute mit den Kindern, in der Wilhelma, im Kasperle-Theater, im Hallenbad, bei meinen Eltern.
Wobei ich besonders darunter litt, nicht mit meinem Vater über meinen Kummer reden zu können. Ich fürchtete, er würde mich daran erinnern, dass er mich von Anfang an gewarnt habe, diesen Mann zu heiraten. Und ich fürchtete, ihm im Nachhinein recht geben zu müssen.
Mit wem sollte ich also reden?
Frau Schurr traute ich nicht mehr – bestimmt hatte sie von seinem Verhältnis schon lange gewusst, ihn gedeckt und mir gleichzeitig geraten, ihm "seine kleinen Freiheiten" zu lassen.
Waren das etwa kleine Freiheiten?
Als weiteren "Freiraum" betrachtete er offensichtlich mein Auto, mein wunderschönes, geliebtes Fiat-Cabriolet. Er verkaufte es, ohne es mir zu sagen, stellte mir einen R 4 vor's Haus – in derselben, dunkelgrünen Farbe – was ich besonders perfide fand.

In meiner Not ging ich eines Nachmittags zu seinem besten Freund, von dem ich wusste, dass er große Stücke auf mich hielt.
"Ja," gab Jens zu, "ich weiß seit zwei Monaten Bescheid, aber ich wollte dir nicht wehtun.
Weißt du, er ist zwar mein Freund, und ich verdanke ihm auch viel – aber andererseits muss ich dir einfach sagen, dass er kein guter Ehemann und schon gar kein Familienvater ist – dafür könnte ich dir -zig Beispiele nennen. Aber ich will ihn ja nicht verpfeifen. Eigentlich würde ich dir gerne etwas ganz anderes sagen."
Er machte eine Pause, rückte mit seinem Stuhl näher zu mir.
"Wie soll ich's sagen? Ich bewundere und liebe dich schon lange – und ich könnte dir gefühlsmäßig bestimmt viel mehr geben als er!"
Er strich mir über Stirn und Backe, hob mein Kinn an, und drückte plötzlich fordernd seine Lippen auf die meinen. Trotz seines festen Griffs gelang es mir, mich unter seinen Armen durch ihm zu entwinden.
Ich stand auf, holte in einer Art Reflexbewegung aus und gab ihm eine schallende Ohrfeige.
Er war zuerst ganz verdutzt, als ich jedoch die Tür öffnete, gehen wollte, rief er hasserfüllt:
"Dann renn halt weiter deinem sauberen Herrn Gemahl hinterher, der dich betrügt, seit ihr verheiratet seid!"
Langsam schloss ich die Türe wieder, fühlte, wie alles Blut meine Wangen verließ. Ich fröstelte.
"Was weißt du darüber?"
"Was ich weiß?" – er war immer noch in Rage.
"Ich weiß, dass du selten blöd bist, ihm treu zu sein!"
Die Knie wurden mir weich, ich setzte mich wieder hin, schlug die Hände vors Gesicht.

"Schon während du das erste Kind gekriegt hast, hat er dich mit ner Französin betrogen. Und danach pausenlos mit irgendwelchen anderen Weibern. Und ob du's glaubst, oder nicht – er hat's auch mit meiner Frau getrieben – in deiner Küche! Aber von der lass ich mich eh scheiden, die ist ja mannstoll!"
"Und diese Tussi, die er jetzt hat, kennt er schon seit deiner Blinddarmoperation! Und was glaubst du, was bei unseren Angeltouren alles ablief? Aber du mit deiner weltfremden Art kannst dir das sicher nicht vorstellen!"
Ich weinte hemmungslos.
Er schaute sich mein Schluchzen eine Weile schweigend an, ging dann hinaus, kam mit einem Glas zurück.
"Hier, trink das!"
Ich roch daran und schüttelte den Kopf. Das Glas war randvoll mit Cognac.
"Trink, es wird dir gut tun," sagte er und drückte mir das Glas in die Hand.
Ich stürzte die Hälfte des Inhalts hinunter, verschluckte mich, hustete schrecklich.
Er nahm mir das Glas wieder aus der Hand, strich mir leicht über die Schulter.
"Tut mir leid. Ich hätte dir das alles nicht zumuten dürfen. Aber es ist eben leider wahr – du verschwendest deine Gefühle, nein, dein ganzes Leben an einen, der's nicht wert ist. Er weiß es zwar selbst auch – das hat er mir schon öfters gesagt, wenn ich ihm Vorhaltungen machte – aber er ist nicht Manns genug, die Konsequenzen zu ziehen!"
"Danke, Jens. Entschuldige die Ohrfeige – aber ich bin nun mal total monogam veranlagt und daher auf Wilfried fixiert. Ich weiß nicht, wie es weitergehen soll. Irgendwie muss es das aber – schon der Kinder wegen."

"Ich verstehe dich – auch mir sind, trotz der Scheidung, meine Kinder sehr wichtig. Du weißt, dass ich im Unterschied zu Wilfried viel mit ihnen unternehme und sehr an ihnen hänge. Du kannst jederzeit zu mir kommen – ich verspreche dir, dass ich dich nie wieder überfalle!"

Ich fuhr an unserer Baustelle vorbei, wünschte mir, dieser ganze, für mich abgrundtief hässliche, kurz nach dem Regen schmutzig-dunkelgraue Beton-Rohbau würde so in sich zusammenfallen, wie es das Kartenhaus meiner Ehe soeben getan hatte...
Am nächsten Tag – es war schulfreier Samstag – packte ich einen kleinen Koffer mit dem Nötigsten, die staunenden Kinder ins Auto und fuhr völlig planlos ins Blaue. Weg, nur einfach weg!
Ich landete schließlich in Reutlingen. Wir machten einen Spaziergang auf die Achalm, ließen Papierschwalben fliegen, aßen im Achalm-Hotel zu Mittag. Die Kinder stellten keine Fragen, lachten über die heiteren Episoden aus meiner Reutlinger Schulzeit, die ich ihnen erzählte. Als ich mit krächzender Stimme den telefonierenden Papagei nachmachte, kringelten sie sich förmlich.
Sie fanden es auch aufregend, dass wir in einem Hotel übernachten würden, wo wir doch gar nicht "im Urlaub" seien...
Am nächsten Morgen – dank Valium hatte ich sogar geschlafen – kaufte ich in einem Baumarkt ein langes Stück Kunststoffschlauch.
Wir fuhren nach Glems – zu Papa's See, stiegen wie Einbrecher über das von meinem Vater selbst gezimmerte, niedere Tor, was die Kinder toll fanden. Zwei bis drei Stunden spielten sie, plätscherten im kalten Bach – dann meinten sie, sie hätten Hunger.

"Nein," sagte ich auf ihre Frage, "zu Tante Dora können wir nicht gehen, die hat heute geschlossen." Ich hätte ohnehin nicht zu ihr gehen können – sie hätte doch sofort gesehen, was los war...(Tante Dora, die Wirtin der "Traube" und meine Patentante).
Also gingen wir in einem Gasthof in Eningen essen, wo mich niemand kannte.
Danach zog es mich auf die Alb, nach St. Johann, wo ich als Kind viele glückliche Tage bei Wanderungen mit meinen Eltern verbracht und oft auch das Försterhaus mit der Waldtier-Station besucht hatte. Ob es das wohl noch gab?
Verbotenerweise fuhr ich den Waldweg ganz durch, fand das Forsthaus meiner Kindheit nicht mehr.
Dafür war ich nun plötzlich ganz in der Nähe des Albtraufs, und, da das Wetter klar war, konnte man sogar den Stuttgarter Fernsehturm ganz schwach in der Ferne sehen.
Die Kinder waren, vom Spielen müde und vom Essen satt, auf dem Rücksitz des Wagens eingeschlafen. Lange betrachtete ich ihre friedlichen, hübschen Gesichter.
Ich stieg aus, ging zu dem Felsen-Aussichtspunkt.
Was, wenn ich mich hier hinunterstürzte?
Aber nein, ich litt doch an Höhenangst.
Und außerdem konnte ich die Kinder keinesfalls alleine lassen – wer weiß, wann man sie in dieser kalten Jahreszeit an einer so abgelegenen Stelle finden würde! Verantwortungslos wäre das! Und ihr Leben lang müssten sie denken, dass ihre Mutter sie im Stich gelassen hat...
Sie schliefen noch immer, als ich zum Auto zurückkam, wachten auch nicht auf, als ich den Motor anließ.
Ich nahm das lange Stück Plastikschlauch, stieg aus, ging um den Wagen herum und setzte mich neben den Auspuff, versuchte, den Schlauch darüber zu stülpen.

Es ging nicht – so sehr ich mich auch bemühte, ihn zu dehnen, den Durchmesser zu vergrößern – er war und blieb zu eng.
Erschöpft lehnte ich den Kopf gegen die Stoßstange, fühlte plötzlich, wie die Feuchtigkeit vom Weg durch meine Hose drang und fror entsetzlich. Und doch war ich wie gelähmt, konnte nicht aufstehen.
Was tat ich hier? Was hatte ich da tun wollen?
War ich verrückt geworden?
War das wirklich ich, die doch im Beruf Geachtete, die ständig Tätige, Fleißige, Unermüdliche, die Mutter, die für ihre Kinder wie eine Löwin kämpfte?
Und ich wollte mich aus der Verantwortung schleichen, wollte einfach aufgeben?
Warum? Wofür?
Für einen Mann, der es offensichtlich nicht wert war, dass er eine gesunde Familie hatte, der sieben gemeinsame Jahre mit einer früher angeblich doch geliebten Ehefrau und zwei entzückende Kinder einfach einer Liebelei opferte?
Denn mehr als das konnte es doch gar nicht sein – was hatten die beiden denn gemeinsam, was schweißte sie auch nur im Entferntesten so zusammen, wie das, was ich mit ihm durchgestanden hatte?
Endlich konnte ich aufstehen, ging mit weichen Knien wieder vor zum Felsen, warf den Schlauch in hohem Bogen in den Abgrund, sah ihn wie eine Viper sich schlängelnd hinunterfallen.

Dann überwand ich mich, fuhr nun doch zu meinen Eltern nach Wendlingen, redete mir, während Mutti mit den Kindern im Esszimmer hinten sang und spielte, bei Papa alles von der Seele – verschwieg allerdings meinen Alb-

Traum. Er wusste jedoch schon einiges. Woher? Frau Schurr hatte bei meinen Eltern angerufen, ihnen gesagt, ich hätte zuhause einen blödsinnigen Zettel (ja, das fand ich im Nachhinein auch....) mit den Worten
"Nicht au revoir – nein: adieu!" hinterlassen und mein Mann würde sich wahnsinnig Sorgen machen. Was sie denn da für eine dumme, weltfremde, unrealistische, theatralische, hysterische Person großgezogen hätten? Die habe ja wohl überhaupt keine Ahnung davon, wie heute ein Normal-Eheleben aussehe. So ein Drama aus einem kleinen Seitensprung zu machen, sei ziemlich übertrieben! Und dann noch die Kinder mit hineinzuziehen – einfach verantwortungslos!
Wobei ich zugeben muss, dass sie mit letzterem recht hatte – und ich habe mich in späteren Jahren auch immer bemüht, meine Kinder möglichst wenig zu belasten. Was sich allerdings, als sie selber erwachsen waren, kaum mehr vermeiden ließ, da sie inzwischen genug eigenes Urteilsvermögen hatten...

*Bei Omi fühlen wir uns wohl*

Ich erzählte Papa absolut alles, auch, was Jens mir in seinem verletzten Mannesstolz entgegen geschleudert hatte. Dass es den Tatsachen entsprach, hatte ich durch einige masochistische Telefonate festgestellt – z.B. mit Ilona, seiner Frau, die mir den Verdacht ganz überrascht und zerknirscht bestätigte.
Papa sagte ernst, die Ehe sei zwar vor Gott unauflöslich, aber wenn sich ein Teil so verhalte, dass der andere daran zugrunde gehe, dann könne man nicht krampfhaft an dieser Ehe festhalten – daher würde er es verstehen, wenn ich mich scheiden ließe.
"Und wir werden trotzdem immer für dich und deine Kinder da sein, darauf kannst du dich verlassen!"
Dankbar umarmte ich ihn – das war doch immer noch derselbe Mensch, den ich meine ganze Jugend hindurch bewundert hatte!
Und ich kehrte nach Hause zurück im Bewusstsein, dass ich es mit ihrer Hilfe und der meiner zahlreichen Freunde auch alleine schaffen würde.

Die Tage bis Weihnachten verflogen ohne weitere Diskussionen und ich schmückte liebevoll die Wohnung. Die Kinder sollten sich wohlfühlen, in ihrer Vorfreude nicht eingeschränkt werden. Dass der Papa nahezu gar nicht mehr auftauchte, schien nicht besonders schlimm für sie zu sein – registrierte ich bitter, aber auch irgendwie nüchtern.
Heilig Abend kam er, brachte Lachs und andere Leckereien mit, sodass meine traditionellen Würstchen mit Kartoffelsalat natürlich völlig uninteressant waren.
Er hatte auch – zum ersten Mal ganz alleine – für die Kinder Geschenke besorgt, die diese begeistert auspackten und den Papa mit roten Backen umarmten.

"Kinder können so herrlich schnell vergessen und verzeihen," dachte ich wehmütig und fast ein wenig neidisch...
Als sie im Bett waren, eröffnete er mir, dass er im neuen Jahr dann die Scheidung einreichen würde – aus steuerlichen Gründen (!!!)
Ab dem 2. Feiertag bis Neujahr fahre er in Winterurlaub. Wir könnten uns dann Anfang Januar in Ruhe über alles unterhalten, "damit wir die Sache so zu Ende bringen, dass sie für alle akzeptabel ist".
Als ich ihn so kühl da sitzen sah, schlank wie damals, als wir uns kennen lernten, mit kurzem Haar und Bart, tat mir alles weh und ich konnte kaum atmen.
Mein Gott, wie ich ihn immer noch liebte!
Am liebsten wäre ich vor ihm auf den Boden gestürzt, hätte seine Knie umschlungen, ihn angefleht, mich doch bitte, bitte nicht zu verlassen. Andererseits war ich durch den Druck in meiner Brust wie versteinert, konnte mich nicht bewegen.
"Wie du willst," sagte ich daher nur tonlos.
Er stand auf, ging hinaus, zog sein Jackett an, kam nochmals herein.
"Hier, das ist dein Weihnachtsgeschenk!"
Dann ging er – kurz darauf hörte ich ihn wegfahren.
Bis nach Mitternacht saß ich vor dem Päckchen, unschlüssig, ob ich es öffnen sollte.
Zwischendurch goss ich mir einen Fencheltee auf, da ich wieder heftige Magenschmerzen hatte, nahm dann ein Schlafmittel.
Schließlich – als ich schon die Wirkung des Medikaments spürte, riss ich hastig die elegante, silberne Verpackung auf. Ein flaches, dunkelblaues Samtetui kam zum Vorschein. Als ich auf das goldene Knöpfchen vorne drückte, sprang der Deckel auf. Auch drinnen blauer

Samt – und darauf, mit durchscheinenden, bläulichen Kristallen bestückt, ein großgliedriges Armband – offensichtlich von derselben Schmuck-Designerin hergestellt, wie die Kristall-Puderdose, die er mir von seiner ersten Paris-Alleinreise mitgebracht hatte. Er musste es im November dort gekauft haben, während unseres letzten, glücklichen Zusammenseins.
"Er liebt mich doch noch!" durchzuckte es mich heiß und ich sah – nicht nur wegen des Weihnachtsbaums - wieder ein schwaches Licht aufscheinen..

Die Zeit bis Neujahr verbrachte ich mit Besuchen, fuhr mit den Kindern zum Rodeln nach Glems, nach Schopfloch oder in den Schwarzwald.
Die "Heiligen drei Könige" brachten mir die vorgesehene Abschluss-Unterredung.
Meine Eltern hatten die Kinder abgeholt und ich saß – stundenlang vor mich hinbrütend - im Wohnzimmer, hörte Schallplatten, die wir gemeinsam gekauft hatten, die wir beide liebten, weil uns Text und Melodien berührten und verbanden.
Es war mir klar, dass alles, was ich da tat, an Selbstzerfleischung grenzte – und je klarer mir wurde, dass ich meinen Gefühlen nicht entrinnen konnte, desto verzweifelter wurde ich.
Schließlich nahm ich, wie so oft in letzter Zeit – Zuflucht zu Valium, lehnte mich im Sofa zurück.
Ich musste eingeschlafen sein. Erschrocken fuhr ich auf, als ich eine Berührung an der Schulter spürte. Wilfried stand vor mir, sagte: "ich bin's nur." (nur???)
Ich sprang auf, fiel jedoch gleich wieder zurück in die Sofakissen.
"Was ist mit dir?"

"Irgendwie bin ich zu schnell aufgestanden – mir ist schwindelig."
"Dann bleib sitzen. Wir haben Silvester nicht zusammen gefeiert, deshalb hab ich ne Flasche Schampus mitgebracht – echten, natürlich. Ich hole Gläser, dann können wir darauf anstoßen, dass das trotz allem ein gutes Jahr für uns wird."
"Im Kühlschrank steht eine Platte mit Häppchen, die ich für dich gemacht habe."
Er holte alles, stellte die Platte auf den Tisch und lobte: "Sehr appetitlich – das hast du schon immer sehr schön gemacht!"
Gekonnt, das heißt nur mit einem sanften Blubb, öffnete er die Champagnerflasche, goss die schlanken Gläser voll, gab mir eines davon.
"Das wird deinen Kreislauf beleben! Auf ein gutes Jahr also!"
Ich musste das Glas mit beiden Händen halten, da ich schrecklich zitterte und nippte auch nur daran.
"Ja, wie gesagt, ich weiß und ich schätze es auch, dass du dir im Haus und in der Familie schon immer viel Mühe gegeben hast, und ich hab irgendwie auch ein schlechtes Gewissen dir gegenüber. Aber ich habe mich nun mal in diese Frau verliebt und sehe keine andere Möglichkeit, sie zu halten, als mich von dir zu trennen."
Und plötzlich tat ich impulsiv genau das, was ich Heilig Abend noch vermeiden konnte – ich fiel vor ihm auf den Boden, umschlang seine Knie, bat ihn, mich nicht zu verlassen, ich liebe ihn zu sehr – es würde mich in kürzester Zeit umbringen, wenn ich ihn verlieren würde.
Ich bot ihm an, geduldig zu warten, bis er zu mir und den Kindern zurückkäme, nie wieder würde ich ihm Vorwürfe machen...

Ich weiß nicht mehr, welche Versprechungen ich ihm in meiner Verzweiflung noch machte.
Er strich mir zögernd über die Haare.
"Komm, steh auf – das ist ja peinlich. Du brauchst dich doch vor mir nicht so zu erniedrigen!"
Ja, wirklich, es war peinlich – wo war all meine vermeintliche Stärke hin?
"Es war mir nicht bewusst, dass du mich immer noch so sehr liebst. Wir hatten wahrscheinlich einfach zu wenig Zeit füreinander – aber du musst zugeben, dass das nicht ausschließlich meine Schuld ist. Ja – vielleicht zu neunzig Prozent war's schon meine."
Schweigen.
"Und du würdest also tatsächlich ruhig warten, bis ich die andere Frau satt habe?"
"Ja." War das wirklich ich, die da so bedingungslos einfach ja sagte? Die geglaubt hatte, sie könne es schaffen, alleine mit den Kindern und für die Kinder weiter zu leben?
"Gut," sagte er leise, "ich werde drüber nachdenken."

Damit schien für ihn der Gesprächsteil des Treffens beendet zu sein, er aß schweigend, aber genussvoll den größten Teil der liebevoll arrangierten Häppchen, trank dazu noch zwei Gläser Champagner.
"Du trinkst ja gar nicht!" fiel ihm auf.
"Ach ja, sorry, zum Wohl!"
Den Rest des Nachmittags verbrachte er im Büro unten, fuhr abends weg, kam aber nachts zum ersten Mal seit Wochen zurück und schlief zu Hause.
Die Verbindungstür zwischen unseren Schlafzimmern verschloss er jedoch von innen.
Auf dem Kalenderblatt des nächsten Tages las ich:

*"Alle menschliche Weisheit ist in zwei Worten enthalten: warten und hoffen."* (Alexandre Dumas).
Zehn Tage später fand ich, als ich von der Schule kam, einen Zettel auf meinem Nachttisch:
"Wenn du Zeit hast, komme ich am Freitag um 18 Uhr nochmal. Gruß W."

Donnerstag Abend wusch ich mir die Haare, drehte mir kleine, niedliche Löckchen, wie es ihm immer gut gefallen hatte, legte mir eine Quark-Gurken-Packung aufs Gesicht.
Freitag nach Schulschluss brachte ich die Kinder zu Freunden in Göppingen, kaufte dort in der teuersten Feinkosthandlung ein, zauberte förmliche Kunstwerke von "Kanapées".
Ab 17.30 Uhr saß ich - aufwendig geschminkt, die Löckchen hochgesteckt, dezent-elegant gekleidet, ganz Grace-Kelly-like, wie er es liebte, diesmal nur mit natürlichem Baldrian beruhigt, auf dem Sofa und fieberte seiner Ankunft entgegen.
Er kam, lächelte mich an, als würde ihm das, was er sah, gefallen und überreichte mir einen kleinen Biedermeierstrauß mit Freesien.
Ich holte eine bauchige Vase, stellte den Strauß auf eine Ecke unseres Glastisches, sagte ganz ‚cool', jetzt könne er mir alles ‚durch die Blume sagen', dann tue es weniger weh... (toll, wie ich mich unter Kontrolle hatte – ich fand mich sehr souverän).
Er lächelte wieder. Wann hatte ich ihn zum letzten Mal lächelnd gesehen?
Er hatte auch wieder eine der exklusiven Flaschen mitgebracht, öffnete sie und goss die bereitstehenden Gläser voll.

"Du siehst übrigens sehr hübsch aus! Ich bin froh, dass du dich gefangen hast. Zum Wohl!"
Er betrachtete die silberne Platte mit meinen Kanapée-Kreationen.
"Du entwickelst ja eine völlig unschwäbische Verschwendungssucht! Versteh das nicht als Kritik – im Gegenteil: endlich scheinst du begriffen zu haben, dass man das Leben genießen muss, solange man's kann."
Er aß einige Häppchen, nickte beifällig, trank sein Glas leer, goss sich erneut ein, räusperte sich. Mein Gott – warum alles so in Zeitlupe? Ich saß auf Kohlen! Jeder Nerv in mir war zum Zerreißen gespannt.
"Ich habe in den letzten beiden Wochen viel nachgedacht. Du hast natürlich recht mit dem, was du über das gemeinsam Erlebte und Durchgekämpfte gesagt hast. Und wie groß dein Anteil daran ist, weiß ich auch. Aber – du weißt, ich bin ein Mensch, der Abenteuer, Nervenkitzel braucht – das habe ich auch nie verheimlicht."
Wieder ein Schluck, wieder ein Häppchen.
"Wenn ich nun also dir und der Familie zuliebe diese Frau aufgeben würde, müßte ich eine Alternative haben, etwas, was mich begeistert, fesselt, so gefangen nimmt, dass ich sie vergessen kann."
"Und bestimmt hast du dir über die Art dieser Alternative auch schon Gedanken gemacht, oder?"
Wieder ein Häppchen, wieder musste nachgegossen werden. Räuspern.
"Bitte, spann mich doch nicht so auf die Folter!" rief ich, am Ende meiner Beherrschung.
"Nun – wie wohl viele Männer habe ich in meiner Jugend davon geträumt, Rennfahrer zu werden. In den letzten beiden Jahren hab ich bei den Fahrerlehrgängen, den Ralleys und Rennen, die ich mit dem BMW gefahren bin,

viel Spaß gehabt und festgestellt, dass ich Talent habe und die nötigen Nerven.
Ich würde mir daher gerne einen richtigen Rennwagen kaufen, einen Formel III – und damit echte Rennen fahren. Finanziell könnte ich es mir auch leisten."
"Ich soll mich sozusagen entscheiden zwischen zwei Ängsten: dich an eine Frau oder durch einen Renn-Unfall zu verlieren."
"Diese Schwarzmalerei ist unserer Unterhaltung nicht gerade förderlich."
Ich biss mich auf die Lippe. Das war nun wirklich undiplomatisch gewesen.
"Du hast ja recht, entschuldige."
"Wenn du also einverstanden wärst mit dem Kauf eines Rennwagens, verspreche ich dir, dass ich bei dir und den Kindern bleiben und unsere Ehe fortsetzen werde. Allerdings wünsche ich nicht durch ständiges Misstrauen, durch Fragen oder Vorwürfe genervt zu werden."
Ich hätte ihm alles versprochen, was er von mir gefordert hätte...
Ein wenig wunderte ich mich allerdings dann doch, als kaum zwei Monate später eine Heiratsanzeige in der Zeitung erschien, in der seine Ex-Geliebte als Braut genannt wurde. Sie hatte es anscheinend eilig, geheiratet zu werden – von wem auch immer...
Ob und wodurch sich der Sinneswandel bei meinem Mann vollzogen hatte, erfuhr ich nie – vielleicht hatte er ja schon während der Winterferien mit ihr bemerkt, dass sie möglicherweise gar nicht so pflegeleicht wie seine liebende Gattin gewesen wäre...
Und für mich zählte nur, dass er sich letztendlich für mich, für uns entschieden hatte und sich auch erkennbar Mühe gab.

Zwar wurde noch eine Weile über uns getuschelt – aber ich kümmerte mich nicht drum.
Zum Kauf des Rennwagens durfte ich mit, die dringend benötigten Getriebe-Übersetzungen wurden in England besorgt. Zu diesem Zweck flogen wir nach London, blieben drei Tage zum Sightseeing und Einkaufsbummel bei Harrod's und anderen Nobel-Kaufhäusern dort. Mir blieb dann die "schwere" Pflicht, die Getriebeteile in den zahlreichen Taschen meines weiten Pelzmantels zu transportieren. Das Delikt ist nach 36 Jahren längst verjährt – heute wäre es durch die ausgefeilten Kontroll- und Überwachungssysteme in Flughäfen gar nicht mehr möglich..

Der Rennwagen war bildschön, königsblau, mit weißen Streifen, und auf der stromlinienförmigen Haube prangte eine schwarze Rose.
Die Porsche-Aera war beendet. Man brauchte eine starke Limousine, die den Rennwagen-Anhänger ziehen konnte. Eigentlich kam da nur ein Mercedes in Frage...
Mit diesem Gespann fuhr Wilfried, begleitet von einem eigenen Monteur ab Beginn der Saison freitags zu den Rennstrecken, wo meist am Samstag Training und am Sonntag das Rennen war. Manchmal durfte ich dazu mit meinem Auto nachkommen.
Irgendwie passte ich jedoch nicht in das Klischee der "Rennbräute". Keiner duzte mich – und alle behandelten mich mit Respekt.
Es war eine heiße Atmosphäre, in der ich nie warm wurde – und außerdem hatte ich keine Lust, aus den begehrlichen Blicken der "Damen" (heute nennt man sie

"Boxenluder" – ein entsetzlich frauenfeindliches Wort) irgendwelche Schlüsse zu ziehen.
Natürlich freute ich mich mit ihm, wenn er auf dem Treppchen stand, wenn er Pokale mit nach Hause brachte, sie stolz Freunden und der Familie zeigte.
Matthias bewunderte den Vater schrankenlos.
Wenn der Rennwagen vor der Garage aufpoliert und revidiert wurde, war er nicht wegzukriegen. Wie gerne wäre er einmal zu einem Rennen mitgefahren – schon freitags, mit den "anderen Männern". Als ich jedoch Wilfried einmal darauf ansprach, lehnte er entrüstet ab. Kinder könne man da nun wirklich nicht brauchen – das sei auch viel zu gefährlich...
Ach, lieber Mann – wie schon durch die Ablehnung, den Sohn zum Angeln mitzunehmen, verschenkte er auch jetzt die Möglichkeit, Matthias wenigstens ein bisschen näher zu kommen.
Ich dachte daher immer öfter, wenn er begeistert von seinen Renn-Erlebnissen berichtete, dass das nicht die Gemeinsamkeiten waren, die ich mir für unser Familienleben gewünscht hatte...

Beruflich fühlte ich mich durch den Hauptschul-Lehrauftrag in ungeliebten Fächern ziemlich überfordert. Die zweite Dienstprüfung hatte ich inzwischen bestanden, war kurz davor, in den Beamtenstand übernommen zu werden – trotzdem ließ mich das Gefühl nicht los, auf der Stelle zu treten.
Da las ich eine Ausschreibung für ein berufsbegleitendes Aufbaustudium zum Realschul-Lehrer. Da damals in Realschulen Lehrermangel herrschte, bot man als Anreiz für dieses Studium einen bezahlten Stundenerlass.
Sofort meldete ich mich für Englisch und Französisch an,

## Dank

Du liebtest mich
auf deine Art, ich weiß.
Doch dann, dann nahmst du Rache,
denn du ertrugst es nicht,
dass ein Gefühl dich ganz beherrschte.

Doch in dem Maß,
wie du in deiner Liebe Umkehr
mich erniedrigst, wuchs ich doch –
und danke so dir nun auch das noch,
was ich heute bin...

bekam auch bald die Genehmigung meines Antrags. Ab dem neuen Schuljahr wurde bei der Stundenplan-Gestaltung Rücksicht genommen – und statt zweier Nachmittage Unterricht hatte ich nun dienstags und donnerstags in Stuttgart Vorlesungen und Kolloquien.
Diese neue Herausforderung beflügelte mich richtig – und eigentlich war ich dann doch ganz zufrieden mit dem Verlauf dieses so schwierig begonnenen Jahres.
Mein Mann hatte so viel zu tun mit Rennen, Bauen, Betrieb, dass er von seinen Herrenabenden ziemlich zeitig zurückkam und müde ins Bett fiel. Ich saß dann zwar auch wieder alleine da – aber, nach dem Motto "wer schläft, sündigt nicht," empfand ich das als das kleinere Übel.
In die Sommerferien – diesmal an die jugoslawische Küste – fuhren wir sogar alle zusammen. Das erste Mal eine so lange Strecke – und das erste Mal eine volle Woche als komplette Familie.
Da das Clubdorf direkt am Meer unwahrscheinlich viel an Kinderprogrammen bot, wurde diese Woche auch ein positives Erlebnis für alle.
Wir lieferten den Papa dann auf dem Flughafen von Zadar ab – die Kinder und ich wollten noch weitere zwei Wochen bleiben. Am Anfang der für uns nun dritten Woche – wir waren schon prächtig erholt – bekam Matthias nach dem Mittagessen starke Bauchschmerzen. Wir wendeten die bewährten Hausmittel an – aber es wurde nicht besser.
"Um Gottes willen," dachte ich, in memoriam meiner letztjährigen Blinddarm-Geschichte.
Hier, im damals noch so rückständigen Jugoslawien, wollte ich mit meinem Kind auf keinen Fall in ein Krankenhaus gehen.

Matthias krümmte sich vor Schmerzen. Ich legte ihm statt der Wärmflasche einen Eisbeutel auf – und da wurde es nach einiger Zeit ein wenig besser. Ein untrügliches Symptom für eine Blinddarm-Entzündung!
Hektisch packte ich alles in den großen Mercedes, meldete mich an der Rezeption ab und wir fuhren gegen sieben Uhr abends los Richtung Heimat.
Ein mühsames, langwieriges und oft sogar gefährliches Unterfangen. Es gab noch keine Autobahn, sondern nur den berüchtigten "Autoputt", dessen verkarstete Steilhänge und Abgründe übersät waren mit teils ausgebrannten Autowracks – eine Strecke also, die, wenn man sie nachts fahren musste, volle Konzentration erforderte.
Wie dem auch sei, zehn Stunden später waren wir kurz vor München. Die Kinder hatten den größten Teil der Fahrt geschlafen – Matthias lag mit einem leichten Beruhigungsmittel auf dem Beifahrer-Liegesitz, Judith schlief zusammengerollt auf der Rückbank.
Sie waren nicht einmal bei den zwei kurzen Stopps aufgewacht, wenn ich tanken und mir einen starken Kaffee einverleiben musste.
Ich fuhr eine Raststätte an, tankte. Als ich den Geldbeutel holen wollte, sagte Matthias schlaftrunken:
"Mama, ich muss dringend aufs Klo!"
"Soll ich mitkommen?"
"Aber Mama, das kann ich nun wirklich alleine!"
Allerdings kam er dann sehr lange nicht heraus, stellte ich besorgt fest. Ich klopfte an die Tür, rief ihn laut. Da ging die Tür auf und - sichtlich erleichtert, drückte er sich demonstrativ mit beiden Händen in den Bauch und stellte fest:
"Mir tut überhaupt nichts mehr weh!"
Er erzählte, er habe schrecklichen Durchfall gehabt, es

habe ekelhaft gespritzt, deswegen habe er mit der Klobürste ziemlich lange putzen müssen – man könne das Örtchen ja nicht wie ein Schwein verlassen...
Inzwischen war auch Judith aufgewacht und wir berichteten ihr die erfreuliche Neuigkeit.
"Fahren wir dann jetzt wieder zurück nach Pakostane?" fragte sie da allen Ernstes...

Schulanfang. Mein Zusatzstudium wirkte sich nicht nur stundenplanmäßig, sondern auch beim Lehrauftrag positiv aus: ich durfte endlich wieder Englisch, Deutsch, Musik und Erdkunde unterrichten.
So ging der Herbst erfüllt von Arbeit vorbei. Der Betriebsumzug sollte vor Beginn des Weihnachtsgeschäfts vollzogen sein, der private Teil folgte im November.
Ich bewältigte den für mich inzwischen vierten Umzug mit Routine – allerdings wurde auch vieles aus der alten Wohnung nicht mitgenommen, da im neuen Haus ja alles "vom Feinsten" angeschafft worden war.
Der etwas kühlen, modernen Atmosphäre und den manchmal kurz aufkeimenden Erinnerungen an die schlimme Vorweihnachtszeit im letzten Jahr begegnete ich mit zahlreichen Lichterketten. Licht, Licht, Licht sollte überall sein.
Unser erstes Weihnachtsfest im neuen Haus begann mit einem Knall: ich hatte mit den Kindern zu ausgiebig den ungewohnt großen Christbaum geschmückt, war – in der ebenfalls ungewohnten Küche nicht rechtzeitig mit dem Essen fertiggeworden. Als ich's dann noch wagte, den Herrn des Hauses um Mithilfe beim Tischdecken zu bitten, öffnete er wutentbrannt das Fenster und kippte alles, was ich ihm an Geschirr auf dem Tablett in die Hand gedrückt hatte, hinaus.

Danach ging er weg. Die Kinder und ich aßen in gedrückter Stimmung – ich fürchtete schon einen ähnlichen Anlass wie im letzten Jahr. Als wir jedoch nach der 18-Uhr-Christmette durch den Neuschnee nach Hause stapften, sahen wir, dass überall Licht brannte. Er hatte um den Weihnachtsbaum drei Häufchen Geschenke aufgetürmt, auf dem Esstisch standen langstielige Gläser und eine Champagnerflasche, er saß davor, rauchte eine Zigarre und war in aufgeräumter Stimmung.
Also gut – dann tun wir eben alle so, als wäre nichts gewesen. Schließlich hätte viel mehr zu Bruch gehen können, als die paar Teller...
Für die ganze Familie gab es einen Farbfernseher, Judith war selig über ihr rotes Fahrrädle mit Stützrädchen, Matthias strahlte, als er seinen eigenen "Rennwagen", eine Art Go-cart auf der Dachterrasse ausprobierte.
Mir wurde ein großer Umschlag überreicht, aus dem ein mit bunten, exotisch anmutenden Fotos aus Reiseprospekten beklebtes Blatt hervorkam, auf dem stand zwischen Tempeln, Tänzerinnen, Elefanten, Urwaldfotos und Palästen:

*Gutschein für eine Reise*
*14 Tage Thailand mit Bangkok, Chiang-Mai, Golf von Siam. Abflug München am 28.12.*

Ich war sprachlos, wollte gerade sagen...
"Ja, wir können uns das leisten!" kam er mir zuvor und sagte dann das Schönste, was ich seit Jahren von ihm gehört hatte:
"Ich freue mich auf diese erste, große Reise mit dir!"
Da war ich richtig froh, dass ich diesem Super-Geschenk

etwas entgegensetzen konnte. Ich überreichte ihm, ganz in Silberfolie gehüllt, das flache Päckchen, aus dem er dann – ganz gerührt – die Armbanduhr auspackte, die er schon lange im Schaufenster eines Juweliers bewundert hatte, und für die ich mehr als einen Monatsgehalt aufwenden musste...
Und wie gut war es da, dass ich – da Matthias gerne Skifahren lernen wollte, ihm – mit meinen Eltern zusammen – einen zweiwöchigen Skikurs in Kitzbühel ab 27.12. gebucht hatte, sodass er während unserer Reise gut untergebracht wäre.

Zwei Tage später brachte ich Judith zu meinen Eltern – natürlich mit Fahrrädle – und am nächsten Morgen fuhren wir mit Matthias, seiner Skiausrüstung und unseren eigenen Reisekoffern nach Kitzbühel, lieferten ihn dort ab. Ich litt beim ersten Abschied von meinem Sohn mehr als er, denn in dem Kinderskihotel waren fast dreißig Jungs in seinem Alter und es ging daher schon hoch her. Wir übernachteten in München, bevor es am 28. in aller Frühe losging.
Es war mein erster Langstreckenflug – mit Zwischenlandung in Karachi, im damaligen Pakistan.
Als wir dort das Flugzeug wechselten, verschlug es uns fast den Atem: etwa 30 Grad heiß war es! Beim Start in München hatte man noch die Tragflächen enteisen müssen – eine Prozedur, die mir ziemliche Sorgen bereitete...
In Bangkok war es wesentlich angenehmer – es wehte ein leichter Wind und die vielen "Klongs" taten ein übriges, um den frischeren Eindruck zu verstärken.
Nach drei mit Besichtigungen vollgepackten Tagen in Bangkok wurde der exotische Traum in Nordthailand fortgesetzt, wo wir Silvester feierten.

Ein Ausflug zu dem Bergvolk der Meos, das später traurige Berühmtheit als Drogenlieferanten erlangte, ein Besuch bei den Arbeitselefanten mit der Gelegenheit, selbst auf einem solchen Riesen zu reiten (endlich ein Tier, das seiner "Größe" gerecht wird, schrieb ich ins Album) – all das waren Eindrücke, über die ich gleich noch ein weiteres Buch schreiben könnte.
Danach wieder zwei Tage Bangkok – von denen man einen zur freien Verfügung hatte.
Ich bummelte mit einer netten Wienerin, die wir bei der Silvesterfeier kennengelernt hatten, durch die Märkte und Geschäfte – ihr Mann und der meinige ließen sich anscheinend mit dem Taxi zu einem der bei Männern berühmten Massagesalons fahren.
Als sie zurückkamen, stanken sie derart nach Moschus, Patchouli und anderen aufdringlichen Ölen, dass Gundi und ich voneinander unabhängig ein sofortiges "Entstinkungsbad" verlangten.
Und abends zeigte ich meinem geliebten Mann in dem supergünstig erstandenen, dünnen Goldnégligé, dass er solche Ausflüge doch gar nicht nötig hatte...

Die entspannten Tage am Golf von Siam, in denen wir viel Spaß hatten bei Unternehmungen mit den neuen, Wiener Freunden, waren viele Jahre lang für mich Lichtblicke der Erinnerung.
Und sie machten auch lange Zeit den Alltag daheim im Ländle freundlich und hell...
Alles ging gut, solange ich keine Fragen stellte – weder zu den Herrenabenden, noch zu Angel- oder Rennwochenenden.
Über eine berufliche Veränderung in diesem Jahr war ich sehr froh: ich wurde – im Hinblick auf meinen

Studienabschluss – an eine Realschule versetzt, weil dort meine Fächer nach dem krankheitsbedingten Ausfall einer Kollegin fehlten. Französisch hatte ich inzwischen durch Geografie ersetzt, da der Unterricht in diesem Fach für mich – besser, für meine Familie – günstiger lag. Allerdings musste ich jetzt meinem Mann "beichten", dass ich dieses Studium schon fast ein Jahr betrieb.
"Anscheinend hast du nicht genug zu tun!"

# Bildersturm

Doch, ich hatte eigentlich genug zu tun.
Und trotzdem fehlte mir etwas, was meine Kreativität forderte, was mich wirklich erfüllte, was ich von zuhause eben gewohnt war: Musik, Kunst, Literatur, Theater – einfach ein wenig Kultur...
Dieses Verlangen nach Kultur konnten weder die Rennfreunde, noch unser Alltag – und schon gar nicht mein Mann stillen.
"Kultur? Hab ich in Thailand für Jahre genug gehabt!" - "Theater? Hab ich täglich im Betrieb!"
So war ich auf die Idee gekommen, mir die Kultur ins Haus zu holen. Wir hatten schließlich große Flächen weißer Wände, helle, riesige Räume. Ich hatte mir – als einzigen Traum, den ich mir im neuen Haus erfüllte – einen wunderschönen Flügel in weißem Schleiflack geleistet...
Warum also hier nicht Kunstausstellungen, kleine Konzerte und andere Events veranstalten?
Schon lange hatte ich Zeitungsausschnitte über Vernissagen gesammelt und abgeheftet, auch einige

davon besucht, mir ein Urteil gebildet über das, was ich bei mir in der Wohnung gerne hängen haben wollte. ("Alte Meister" keinesfalls...)
Nachdem ich die Künstler nach ihrem Werk sortiert hatte, schaute ich nach, wo sie wohnten und arbeiteten, suchte mir die aus, die ganz in der Nähe waren.

*v. l. n. r.:*
*Rose Deroussas, Max Seiz, Rolf Loch, Iring de Brauw*

Da gab es einen in meinem seit Kindertagen geliebten Esslingen, der da zwei Straßen oberhalb der Burg wohnte: Iring t.N.de Brauw. In seiner Kurz-Biografie las ich, dass er zwar gebürtiger Holländer sei, aber seit Jahrzehnten in Deutschland lebe, und auch hier seine künstlerische Ausbildung gemacht habe – z.B. beim berühmten Glasschneider Professor Stockhausen. Dieser, entfernt an sakrale Kunst erinnernde Aspekt in seinen Bildern war es auch, der mich von Anfang an faszinierte. Kurz entschlossen rief ich dort an, sagte, dass ich eine

Galerie gründen wolle, dass ich einige Bilder von Iring gesehen habe und gerne mehr sehen wolle.
Um vier Uhr war ich zum Tee dort – um kurz nach acht verließ ich den Ort des "großen Staunens" (wie ich dieses Haus im Stillen fortan nannte) mit einem Kofferraum voller Bilder und noch einigen auf dem Rücksitz stehenden...
Von der ersten Minute an war ich von der Arbeit und von der Lebensweise dieses Künstlers begeistert, von seinen mythisch-mystischen Motiven, seiner Farbgebungs- und Gestaltungsart.
Und vom ersten Augenblick an schwang zwischen diesen beiden Menschen, ihm und seiner feinfühligen Frau, der Wohlklang gleichen Empfindens und Denkens, der sich nun schon 35 Jahre und über große Entfernungen hinweg hält (Iring wohnt seit zwanzig Jahren mit Frau und Tochter, meinem Patenkind, am Starnberger See, ist jedoch Esslingen ebenfalls immer noch verbunden – wie ich über die Künstlergilde).

Eine kleine Episode am Rand dieses ersten Zusammentreffens erfuhr ich erst Jahre später:
Nachdem ich, die sie gerade mal seit 4 Stunden kannten, mit Bildern im Wert von Tausenden losgefahren war, kamen Iring und Sabine doch ein wenig Bedenken. Ich hatte nämlich, vor lauter Freude über das, was ich da mit nach Hause nahm, total vergessen, ihnen meine Karte dazulassen. Nicht mal eine Telefonnummer hatten sie...
Moment mal, dachten sie, die hat doch was von Verwandten in der Nähe erzählt. War das nicht ein Architekt, wie hieß der noch? Wohnte er nicht auch irgendwo über der Burg? Im Branchenverzeichnis erkannten sie dann den Namen wieder, den ich genannt hatte, riefen bei Onkel Gotthilf und Tante Anna an, frag-

ten vorsichtig, ob sie eine Nichte hätten, die Rose hieß und die Tochter von einem Pfarrer Mistele sei.
Ja, natürlich, sagte man ihnen, gab ihnen Adresse und Telefonnummer der Nichte und versprach, dieser nichts von dem kleinen Misstrauen zu erzählen...
Stolz eröffnete ich zwei Monate später meine, mit sanftem Understatement "Kleine Galerie" genannte, 150 qm umfassende Ausstellung mit Werken von Iring de Brauw, Max Seiz (Schwäbisch Gmünd), Paul G. Elsner (Stuttgart-Öffingen), und, so als international bekanntes Zugpferd, benutzte ich HAP Grieshaber, den berühmten Holzschneider von der Achalm in Reutlingen, von dem wir privat schon einige Holzschnitte besaßen.
Es wurde auf Anhieb ein großer Erfolg, in der Lokalpresse überschwänglich gelobt.
Diese Galerie, in der ich zwar nur vier Vernissagen pro Jahr machte, gab mir unendlich viel Mut und Selbstwertgefühl. "Meine" Künstler profitierten davon – jeder bestätigte mir, dass es nur selten derart engagierte Galeristen gebe, die so viele der ausgestellten Bilder verkaufen...
Meine Ausstellungs-Eröffnungen wurden zu zahlreich und gern besuchten Events, für die ich tagelang vorher Pasteten, Quiches, Minibrezeln oder Schneckennudeln und anderes buk.
Illustre Gäste konnte ich verzeichnen: der – inzwischen verstorbene Dr. Manfred Wörner, später Verteidigungs-Minister, Prominenz aus Ärzte-, Wirtschafts- und Wissenschaftskreisen und: nicht zu vergessen – Reinhard Mey, den ich nach dem ersten Live-Konzert, das ich erlebte, kurzerhand in der Garderobe aufsuchte, ihn fragte, was man tun müsse, um ihn mal in kleinerem Rahmen zu erleben. Er lud mich dann in die Bar des Esslinger

Hotels ein, in der nach dem Konzert noch gefeiert wurde, ich erzählte ihm von meiner "Kleinen Galerie", von meinen Plänen, vor Weihnachten eine Wohltätigkeits-Ausstellung zu Gunsten der Lebenshilfe unter dem Titel "Kinder der Welt" zu veranstalten. An meiner neuen Dienststelle durfte ich nämlich auch "Bildhaftes Gestalten" unterrichten und hatte bei der Bearbeitung des genannten Themas in mehreren Klassen wunderschöne Arbeiten der Schüler bekommen.
Von der Idee, diese für eine Ausstellung zu stiften, waren alle begeistert und wetteiferten in der Produktion von Bildern...
Reinhard Mey fand diese Idee sehr gut.
Ja, da war doch der Konzert-Termin in Karlsruhe im November – also gar nicht weit entfernt!
"Wenn wir mit dem Termin klarkommen, würde ich gerne dabei sein!" sagte er.
"Und was würde mich das kosten?" fragte ich zaghaft.
"Wenn Du mir ein Hotelzimmer besorgst, reicht mir das – vielleicht bringe ich auch meine Frau mit!"
Eine Woche später machte ich mit seinem Agenten den Termin zu diesen "Bedingungen" fest – ich konnte mein Glück nicht fassen...
Für den großen Abend hatten einige Mütter von Schülern, deren Bilder ausgestellt wurden, typisches Gebäck aus vielen Ländern gestiftet: da gab es Italienisches, Spanisches, Portugiesisches, Jugoslawisches, Tschechisches, Böhmisches, Türkisches und noch weiter entfernt Orientalisches.
Durch unsere ganzen Wohn-, respektive Ausstellungsräume in zwei Stockwerken hatte ich bunte Leinen gespannt, an denen die kleinen Kunstwerke an Wäscheklammern aufgehängt wurden. Jedes Bild sollte

25 DM kosten, und durfte sofort nach Bezahlung mitgenommen werden. Das ganze Ereignis war also nur auf diesen einen Abend begrenzt. Nach meiner Laudatio sollten Kinder Lieder "aus aller Welt" vortragen – im Englisch-Unterricht und in Musik hatte ich einige in fremden Sprachen eingeübt, sogar ein Kanon auf Japanisch war dabei. Und dann käme der große Moment – die Tür würde aufgehen – und herein käme Reinhard Mey mit dem berühmten Lied, für uns extra aktualisiert: "Ankomme, Freitag, 16. um 19 Uhr – Christine."
Ja, und Christine würde tatsächlich mitkommen...
Um halb sieben war er noch nicht da und mit jeder Minute wuchs die Spannung. Die Besucher, die teil-weise nicht mehr in den Räumen Platz hatten, standen im Treppenhaus, setzten sich, als das Warten anhielt, auf die Stufen. Die Kinder gingen mit Getränken und Gebäcktabletts herum, bekamen immer enttäuschtere Gesichter.
Um halb acht entschied ich, dass wir anfangen.
Grade hatte ich den ersten Satz gesagt, da klingelte das Telefon. Es war Reinhard Mey, der von einer Autobahnraststätte aus anrief, es werde leider etwas später, sie steckten im Schneetreiben und im Stau.
Nach dieser Information hörte man interessiert meinen Ausführungen und den Kinderliedern zu, die Söhne meiner musikbegeisterten Freunde und Landschul-mentors-Familie spielten Klavier und Geige. Inzwischen war es neun Uhr geworden.
Die ersten Besucher waren das Warten leid, fragten, ob sie denn jetzt endlich Bilder kaufen, ihren Obolus entrichten und gehen könnten. Der Herr "Star des Abends" käme ja wohl doch nicht, böse Zungen äußerten den Verdacht, es sei alles nur ein Reklame-Gag von mir gewesen...

Hier hätte ich ja viel, viel
länger sein sollen!

Pardon ... und viele
herzliche Grüße!

Ihr [illegible]

16-1-72

Nun, nachdem die Wäscheleinen zu etwa der Hälfte geleert waren, kurz nach halb zehn, kam "er" dann doch noch, spielte bereits im Lift Gitarre, sang, als wäre er schon oft hier gewesen – kam, seine entzückende Christine bescheiden im Schlepptau, nach oben und entschuldigte sich bei den restlichen Anwesenden für sein Zuspätkommen. Ihm wurde schnell verziehen – denn wer kann schon sagen, dass er Reinhard Mey schon mal in einem so kleinen Kreis erlebt hat? Ihn hautnah kennen lernen, seine Herzlichkeit und Menschlichkeit spüren durfte und vor allem, ein Paradebeispiel dafür erlebte, dass auch ein Star ein Mensch wie du und ich sein kann. "Hier hätte ich ja viel, viel länger sein sollen!" schrieb er um etwa ein Uhr nachts in mein Gästebuch, als er sich nach einem langen, anstrengenden, aber doch, wie er sagte, sehr positiven Tag von uns verabschiedete.

Diese Galerie brachte mir zweieinhalb Jahre lang viel Freude und Befriedigung. Mit einigen der Künstler verbinden mich seither freundschaftliche Beziehungen. Dass ich sie trotz der positiven Resonanz schloss, war die Reaktion auf das menschlich enttäuschende Verhalten eines schon älteren (längst verstorbenen) Künstlers, für den ich mich sogar besonders eingesetzt hatte: da er anscheinend in finanziellen Schwierigkeiten war – was er mir verschwiegen hatte – verlangte er lange vor Ende der Ausstellungszeit, dass ich ihm die Beträge für die verkauften Bilder vorstreckte. Das konnte ich nun schon deshalb nicht, weil die Kunden erst bei Abholung bezahlen – und es sich immerhin um einen Betrag von etwa zwanzigtausend DM (!!!) handelte.
Der Künstler holte dann wutentbrannt das Bild, das er mir für meine Bemühungen schon bei der Vernissage unter

dem Beifall aller Anwesenden geschenkt hatte, wieder ab und verkaufte es.
Dieses Verhalten schockierte mich derart, dass ich meinen Einsatz für die Kunst überdachte. Nein, das musste ich mir nun wirklich nicht bieten lassen.
"Die Region ist um eine Kulturstätte ärmer..."
titelten bedauernd die Lokalzeitungen, als ich die Schließung der Galerie bekannt gab. Von nun an veranstaltete ich nur noch begrenzte Präsentationen von echten Künstler-Freunden für einen kleinen Kreis.

## Eine neue Wolkenfront zieht auf

Mit dem Galeriebericht habe ich der Entwicklung unseres Familien- und Betriebslebens weit vorgegriffen:
Zum Weihnachtsfest nach unserer Thailandreise hatte ich meinem Mann – sozusagen als "Revanche", eine zweiwöchige Ostafrika-Reise mit Safari und allem drum und dran geschenkt.
Erst, als ich ihn am Flughafen Frankfurt abholen wollte, erfuhr ich, dass er um eine weitere Woche verlängert hatte. Zwei Tage später nahm ich aus dem Postfach eine offene, bunte Karte, auf der sich eine "Jenny" für die schönen Tage mit ihm in Mombasa bedankte. Man würde sich ja bald wieder sehen – sie freue sich schon darauf.
Unter diesen Umständen sah ich's nicht ein, eine Woche später nochmals nach Frankfurt zu fahren und hinterließ telefonisch für ihn die Nachricht, dass ich ihn dann am Hauptbahnhof in Stuttgart abhole.

Dort bekamen wir dann gleich Streit, weil ich ihn auf meine "typische, vorwurfsvolle Art" begrüßt hätte und ich das konterte mit der Bemerkung:
"Es wäre dir wohl lieber gewesen, wenn Jenny dich abgeholt hätte!"
Er schwor, da sei nichts gewesen und wenn ich nicht aufhöre, ihn ständig grundlos zu verdächtigen, dann...
Nach einigen nervenaufreibenden Tagen wurde mir eröffnet, dass er es satt habe, die Verantwortung fürs Geschäft, für die inzwischen 17 Angestellten und für die Finanzierung des Riesengebäudes zu tragen.
Und trotz aller Warnungen unseres Steuerberaters und meiner inständigen Bitten, verkaufte er den Betrieb auf der Basis eines Pachtvertrages – dessen monatliche Zahlungen eigentlich Kaufraten waren. Die deckten zwar die Hausfinanzierung und auch noch etwas mehr, entsprachen aber in der Endsumme sicher keinesfalls dem eigentlichen Wert des wirklich lukrativen Unternehmens.
Um wenigstens noch etwas zu retten, erhandelte ich vom neuen Inhaber einen Anstellungsvertrag für mich, der mir immerhin das Haushaltsgeld sicherte, mich aber von nun an zur "Untergebenen" unseres ehemaligen Geschäftsführers machte, der vom ersten Tag an versuchte, mich hinauszuekeln...

Auf meine Fragen, wie er denn seine teuren Hobbies weiterhin finanzieren wolle, meinte mein Mann lakonisch, den Rennwagen habe er sowieso verkaufen wollen, der habe ihm kein Glück gebracht.
"Ja," dachte ich bitter, "mir auch nicht..."

Er ließ eine alte Geschäftsverbindung wieder aufleben und arbeitete einige Zeit mit einem schillernden, aber

menschlich nicht besonders integren "Multi-Unternehmer" in Reutlingen zusammen, der gerade ein Vermietungssystem für Ferienwohnungen aufbaute.
Die Tätigkeit kam Wilfrieds Reiselust sehr entgegen: die exklusivsten Ferienanlagen an Nord- und Ostsee, an den spanischen Festlandküsten und auf den Inseln im Mittelmeer bis zu den Kanaren besuchte er und installierte dort Vermietungsbüros.
Wir – die Kinder und ich – profitierten nun wirklich einmal: in den der Firma gehörenden Anlagen im Allgäu und auch auf der Insel Norderney konnten wir einige Male preiswert Urlaub machen. Beide Orte taten den Kindern sehr gut, hatte doch hauptsächlich Matthias immer noch Probleme mit den Bronchien.

*Im Kasperltheater*

Dass der Papa jeweils nur Wochenenden mit uns verbrachte, waren wir längst gewohnt – an manchen Ferienorten wurden wir daher liebevoll-spöttisch die "Dreierbande" genannt...
Trotz allem war in mir unterschwellig immer die Angst: was tut er wohl auf seinen zahlreichen Alleinreisen? Mit welcher der attraktiven Mitarbeiterinnen, die ich bei meinen seltenen Besuchen im Reutlinger Büro

allzu vertraulich lächeln sah, verband ihn mehr als Kollegialität?
Aber ich wollte nicht darüber nachdenken...
Und ich hatte auch keine Zeit dafür.
Obwohl mir die Hausarbeit seit dem Einzug ins neue Haus von einer "echten Perle" abgenommen wurde: eine ältere Frau, die sozusagen die Miete für die Wohnung in unserem Haus abarbeitete. Sie putzte außerdem auch gegen Bezahlung die Betriebsräume und besserte damit ihre spärliche Rente auf. Sie war eine wunderbare Köchin und den Kindern bald fast eine Omi – dass sie manchmal sogar mit in die Ferienwohnungen fuhr, war für mich eine wirkliche Erholung.
Als sie – nach drei glücklichen Jahren mit uns ins Krankenhaus musste, kämpfte sie verbissen, von dem einzigen Wunsch beseelt, wieder zu uns und in ihre adrette, kleine Wohnung nach Hause zu kommen – aber nach fünf Monaten verlor sie diesen Kampf. Als sie starb, waren die Kinder und ich so traurig, als hätten wir eine wirkliche Mutter und Oma verloren.

Trotz der häufigen Abwesenheit meines Mannes war ich in dieser Zeit nicht unzufrieden: wir hatten keine finanziellen Sorgen, ich war ausgefüllt mit Beruf, Fortbildung, Galerie, Betrieb, und natürlich meinen Kindern.
Bis Wilfried sich mit dem besagten, schillernden Multi-Unternehmer zerstritt und auf die Idee kam, eine Bauträgerfirma zu gründen, einen teuren Bauplatz in Aussichtslage kaufte und von einem Nobelarchitekten ein Gebäude mit sechs exklusiven Eigentumswohnungen planen ließ. Es wurde zwar genehmigt, einige der Wohnungen auch bereits nach den Plänen verkauft – aber die Bauarbeiten wurden vom Regierungspräsidium einge-

stellt, als kaum der Rohbau fertig war. Ein "sonnenlicht-entzugs-geschädigter" Nachbar hatte Einspruch eingelegt, beziehungsweise Anzeige erstattet.
Die Wohnungserwerber zahlten nicht, weil kein Baufortschritt zu verzeichnen war, der Unternehmer wollte sein Geld – und der Nachbar erpresste uns förmlich, bis er eine hohe Entschädigungssumme bekommen hatte. Erst dann nahm er die Anzeige zurück. Ich weiß nicht, wie oft ich in dieser Zeit einen "Gang nach Canossa" zu ihm, zu den Handwerkern, zum Architekten oder gar zum Regierungspräsidium antreten musste – denn mein Mann konnte "so etwas" nicht...
Schließlich kamen die Bauarbeiten wieder in Gang und das Gebäude wurde wie geplant fertiggestellt – verdient wurde daran allerdings nichts...
Zum Glück kam ein weiteres Projekt mit Studentenwohnungen in Tübingen nicht zum Tragen, da bereits die Bauvoranfrage abgelehnt worden war.

Zum Trost und zur Erholung musste mein Göttergatte erst einmal wieder eine längere Reise unternehmen. Indien war zwar gebucht worden – aber als ich ihn auf den Flughafen in München brachte und er das "Fluggerät" und die vielen, tief verschleierten Fluggäste sah, stornierte er die Reise, fuhr nach einer Übernachtung in München wieder mit mir nach Hause.
Am nächsten Tag erkundigte er sich im Reisebüro nach anderen, kurzfristigen Möglichkeiten und flog dann – so weit ich mich erinnere, nach Istanbul.

Nach mehreren untätigen Monaten in gereizter, häuslicher Atmosphäre – ich hatte schließlich jede Menge zu tun und fand sein "Dolce far niente" für mich als

"Arbeitsbiene" kränkend – sagte er mir bei einem Sonntags-Restaurantbesuch, er wolle endlich etwas Sinnvolles tun.
Schon bei der Afrikareise und auch in Asien habe er Menschen kennen gelernt, die ihn mit Naturheilkunde und Jahrtausende alten Heilpflanzen und Behandlungs-Arten beeindruckt hätten. Er werde deshalb ein Heilpraktiker-Studium beginnen und habe auch bereits eine hervorragende Schule dafür gefunden.
Nun – die Naturheilkunde war gerade zweifellos in aller Munde und im Aufwärtstrend. Täglich brachten die Medien Berichte über Aufsehen erregende Erfolge der wiederentdeckten, überlieferten Heilmethoden. Es war auch die Blütezeit der Gegner der "schnellen Chirurgie" wie z.B. Julius Hackethal.
Aus all diesen Gründen war ich eigentlich ganz froh, dass er diese Ausbildung machen wollte. Das einzige Problem war, dass er für den von Freitag bis Sonntag stattfindenden Unterricht nach München fahren musste und dort natürlich auch eine Übernachtungsmöglichkeit brauchte. Und das zwei Jahre lang!
Er meinte jedoch, das könne unserer Ehe nur förderlich sein, denn ab und zu könnte ich ja mit ihm fahren, während seiner Unterrichtszeit ausgiebig bummeln, im Wellness-Bereich der Hotels entspannen und abends hätten wir endlich einmal Zeit für uns alleine und kulturelle Unternehmungen...
Tatsächlich gab es einige wirklich entspannte Wochenenden – allerdings machten mir bald unsere Finanzen Sorgen, denn man residierte ja standesgemäß, das heißt, nur in besten Hotels...
Ich beantragte zum Schuljahresbeginn wieder einen vollen Lehrauftrag.

Inzwischen war auch Judith in die Schule gekommen – zu Hause unterstützte mich noch unsere liebe Frau Pichl. Die Arbeit im Betrieb war weggefallen: der Geschäftsführer hatte sich zu sehr von mir, der früheren Chefin, beobachtet gefühlt, hatte den Besitzer gebeten, meinen Vertrag zu lösen. Da wir diesen auf fünf Jahre abgeschlossen hatten, konnte ich immerhin eine größere Abfindungssumme verlangen, die uns einige Zeit im Haushalt über die Runden reichen würde.

Um endlich nicht nur an der Realschule zu unterrichten, sondern auch als Reallehrerin bezahlt zu werden, meldete ich mich für die Prüfung. Aber auch dafür musste eine Zulassungsarbeit geschrieben werden – inzwischen meine dritte...
Mit dem Dozenten für Englisch hatte ich ein sehr gutes Verhältnis, da ich seine Begeisterung für das englische und amerikanische Theater teilte. Schnell war daher ein Thema gefunden, an dem ich von Anfang an mit wahrer Lust arbeiten konnte:
"Die psychologische Seite in den Werken von Tennessee Williams". Ach, wie liebte ich diese schwachen – und irgendwie doch wieder starken Menschen, die heftige, oft neurotische Kämpfe bestehen müssen im Grenzbereich zwischen ihren Wünschen, Träumen und der unvermeidlichen Realität des Lebens, wie fühlte ich mit diesem Brick und seiner Maggie in "Cat on a hot tin roof" – oder auch mit der armen, in den Wahnsinn getriebenen Blanche in "Endstation Sehnsucht" ("A streetcar named desire").
Und als ich während der Monate; als ich an der Arbeit schrieb, eine Ausstellung mit Bildern des Surrealisten Giorgio de Chirico sah, stellte ich fest, dass zwischen der

Aussage einiger dieser Werke aus dem Zyklus der "metaphysischen Interieurs", dem Inventar falscher, geistiger Reichtümer, und den Inhalten der Stücke von Tennessee Williams eine große Affinität bestand.
Die dann mit Kopien dieser Werke an den passenden Textstellen bebilderte Arbeit fand große Zustimmung – und die ungeteilte Begeisterung meines Dozenten, der stolz war, dass diese Arbeit unter seiner Ägide geschrieben worden war.
Mit einem guten Gefühl konnte ich daher im darauf folgenden Frühjahr in die Prüfung gehen und als endlich "bestallte" Reallehrerin machte mir mein Beruf nun richtig Freude.
So konnte ich es einigermaßen nachsichtig wegstecken, dass mein Mann sein Studium der Naturheilkunde recht locker anging:
Wenn ich morgens die Kinder zur Schule gebracht und selbst zum Dienst gefahren war, las er in Ruhe und ausgiebig die Zeitung, machte dann einen Bummel in der Stadt, meist mit einem Café-Besuch.
Ab Mitte dieses Jahres gab es leider dann unsere liebe Frau Pichl nicht mehr – und es wurde daher oft spät, bis ich nach der Schule ein Mittagessen auf dem Tisch stehen hatte.
Da erwachte in meinem Mann plötzlich ein Hobby-Koch und er bereitete der Familie tatsächlich ein bis drei Mal pro Woche ein durchaus schmackhaftes Essen zu.
Zur Feier meiner bestandenen Prüfung fuhren wir auch wieder einmal zu zweit in Urlaub – in den Osterferien nach Südfrankreich, wie ich's mir gewünscht hatte. Nach einem kurzen Aufenthalt an der Côte d'Azur, wo es uns viel zu überlaufen war, durchstreiften wir die Provence bis zu ihrem nördlichsten Ende, einer Gegend, die

"Tricastin" heißt. Die vielen Zeugnisse der römischen Kultur, die weiche, hügelige Landschaft, die zwar noch nicht blühenden Lavendelfelder, die in ihren silbergraugrünen, kugeligen Polster-Streifen dennoch wunderschön aussahen, die Pfirsich-Plantagen, deren mit Blüten übersäte Äste im Wind wie Flamingoflügel wehten – all das ließ mich diese Gegend auf Anhieb lieben.
Ja, hier konnte man noch atmen!
Ab und zu schauten wir in die Schaufenster von Immobilienhändlern, staunten, wie viele idyllische Objekte es preisgünstig zu erwerben gab und nahmen uns vor, bald wieder hinzufahren.
Mein Mann machte im Sommer seine seit Jahren geplante Indienreise, kam mit vielen Antiquitäten, einem ganzen Schiffscontainer voller üppig geschnitzter Tempeltüren, und vor allem mit Unmengen von wie an Perlenschnüren aufgereihten Heilpflanzen-Früchten zurück. Diese, meinte er, würden sich dann, in seiner Praxis aufgehängt, sehr gut machen...
Eines unserer friedlichsten Jahre seit langem ging zu Ende. Warum – überlegte ich mir, als es wieder einmal Weihnachten wurde – warum war dieses Jahr so friedlich? Weil ich es endlich gelernt hatte, keine "lästigen" Fragen mehr zu stellen? Weil ich ihm nicht mehr – oder nur in Notfällen – "hinterhertelefonierte", damit ja nicht der schlechte Geschmack der Kontrolle aufkam?
Weil ich durch den Alltag an dieser netten, kleinen "Ableger-Realschule" mit einem mir passenden Lehrauftrag und interessierten, unverdorbenen Landkindern als Schülern einfach zufriedener war?
Weil ich durch die Galeriearbeit Erfolgserlebnisse hatte und interessante Menschen kennen lernte, sodass ich mich selten einsam fühlte?

Oder lag der Grund darin, dass wir sehr selten wirklich als Familie zusammen gewesen waren, unsere gegensätzlichen Ansichten über das richtige Maß an Strenge und Nachsicht also keine Gelegenheit hatten, aufeinander zu prallen?
Sicher waren alle diese Gründe beteiligt gewesen. Ich nahm mir vor, dieses Rezept beizubehalten.

## Viechereien

Wer irgendeines meiner Bücher gelesen hat, weiß: es wird immer mal wieder "tierisch"...
Unsere Dalmatiner (von denen einer, wie berichtet, vom Zug überfahren worden war) und der Dobermann Bobby wurden schon erwähnt.
Leider war letzterer immer aggressiver geworden, und wurde – als man ihn sicherheitshalber immer öfter im Zwinger wegsperrte – regelrecht verrückt.
Er entwickelte sich zu einer Gefahr für die Kinder, Angestellten und Geschäftsbesucher.
Jens, der Tankstellenfreund, inzwischen geschieden, hatte bei Balingen eine Werkstatt mit Tankstelle auf einem riesigen Gelände übernommen und bot sich an, Bobby als Wachhund bei sich aufzunehmen.
Bello dagegen durfte mit ins neue Haus umziehen.
Er war nach wie vor ein kinderlieber, braver und folgsamer Hund. Nur einen Fehler hatte er, da er nicht kastriert war: Wehe, es war eine läufige Hündin in der Nähe – dann büchste er aus. Und das über alle Zäune und Hindernisse hinweg, wenn's sein musste, grub er sich auch unten durch.

Einmal rannte er liebestoll winselnd auf der großen Dachterrasse (im 4. Stock!) herum und war kurz davor, über die Brüstung zu springen, weil auf der Straße eine Hundelady ausgeführt wurde, deren "Odeur" ihm mächtig in seine feine Nase stieg.
Nach einigen gefährlichen Vollbremsungen seinetwegen auf der vielbefahrenen B 10, bei denen zum Glück nichts Ernstliches passierte, war uns klar, dass etwas geschehen musste.
Bekannte von uns hatten ein Haus auf einem großen, rundum eingezäunten Hanggrundstück am Waldrand, nicht weit von Leonberg entfernt – und sie hatten außerdem eine Dalmatinerhündin, die dringend einen "Lebensgefährten" brauchte.
Wir machten mit Bello einen Probebesuch, stellten fest, dass er sich mit "Daisy" sofort gut verstand, mit ihr wild durch das Grundstück tobte und erst nach mehrmaligem Rufen bereit war, wieder bei uns ins Auto zu steigen.
Nach einer kurzen Bedenkzeit entschlossen wir uns, ihn "zur Adoption freizugeben" und fuhren eines Nachmittags wieder Richtung Leonberg.
Je näher wir unserem Ziel kamen, desto schwerer wurde mir ums Herz, an das mir der liebe Hund doch so sehr gewachsen war.
Immer wieder drehte ich mich um, sah ihn da ruhig auf

dem Rücksitz schlafen – und kam mir plötzlich verantwortungslos vor. Unter Tränen teilte ich Wilfried meine Skrupel mit. Er schnauzte mich an, ich solle bloß nicht hysterisch werden – ich wisse doch genau, dass es für das Tier das Beste sei, das habe man ja nun ausgiebig festgestellt!
Als ich nicht aufhörte, zu weinen, blickte er mich mit böse zusammengekniffenen Augen an und verließ wortlos die Autobahn bei der nächsten Ausfahrt.
"Gottlob!" schoss es mir durch den Kopf, "ihm geht's genauso und er dreht jetzt um."
Weit gefehlt! Er fuhr in die Stadtmitte, parkte, sagte, er habe mein Geflenne satt, er werde mit der Bahn zurückfahren – ich solle alleine schauen, wie ich mit meinen sinnlosen Skrupeln fertig werde.
Zitternd fuhr ich alleine hin, fand viel Verständnis für meine Tränen, trank Tee im Wintergarten und sah meinen Bello glücklich mit Daisy herumtollen. Sein großer Korb wurde, mit allen Quietsch-Spielsachen darin, neben den von Daisy gestellt und auch seine gewohnten Näpfe für Fressen und Wasser fanden einen Platz.
Umständlich erklärte ich den genauestens aufgeschriebenen "Speiseplan".
"Keine Sorge – damit kommen wir sicher klar!"
Die beiden Hunde kamen hereingesaust, Bello stutzte kurz, entdeckte seinen Wassernapf, trank, als hätte er immer da gestanden...
Ich brachte es nicht übers Herz, ihn zum Abschied noch einmal zu streicheln – so fuhr ich langsam nach Hause und erzählte meinen Kindern, wie gut es ihrem geliebten Bello in seinem neuen Heim gehe und dass wir ihn demnächst einmal besuchen würden.
Bei einem Anruf am nächsten Tag wurde uns berichtet,

dass Bello und Daisy sich bereits in ihrer ersten, gemeinsamen Nacht in Bellos größerem Korb zusammengekuschelt hätten und "unser" Hund gerade mit gutem Appetit eine Riesenschüssel voll Reis mit gebratener Rinderleber verspeist habe (sein Lieblingsgericht). Wochen später begrüßte er mich und die Kinder zwar schwanzwedelnd und freudig bellend – nahm aber dann nicht mehr viel Notiz von uns.

Er war inzwischen hier wirklich zuhause und glücklich, das sah man deutlich.

Aber wie hätten wir ohne ein Haustier sein können?

Mehrmals besuchten wir Ausstellungen, kauften die Zeitschriften der Züchtervereinigungen.

Ein kleiner, anhänglicher Hund müsste es sein, einer, der zur Not auch mit dem Auslauf auf der 150 qm großen Dachterrasse zufrieden war.

In einem der Hefte entdeckten wir einen Artikel über zwei tibetische Hunderassen, die als besonders charaktervoll und zuchtmäßig "naturbelassen" geschildert wurden. Sie seien seit 1200 Jahren ohne Einkreuzungen anderer Rassen unverändert gezüchtet worden – die kleineren davon, die Lhasa Apsos, sogar ausschließlich am Hof des Dalai Lama.

Die Fotos dieser niedlichen, anscheinend aber dennoch robusten Tiere überzeugten uns. Aber, wie kam man an so ein Tierchen? Man gab mir die Anschrift und Telefonnummer der Verfasserin des Artikels, einer Frau Dr. Täuber. Diese Ärztin war wohl mit Professor Heinrich Harrer, dem profunden Tibet-Kenner und "Ziehvater" des Dalai Lama, sehr oft in Tibet gewesen und hatte – als Geschenk des Hofes – einige Hunde nach Deutschland gebracht. Mit der kleineren Art, den Lhasa Apsos, züchtete sie nun in Berlin.

Ja, sagte sie, gerne dürfe ich die Hunde einmal bei ihr anschauen, es sei grade ein Wurf mit vier Babies da, die allerdings schon alle reserviert seien.
Am darauffolgenden Wochenende flogen wir hin, ich verliebte mich sofort in diese entzückenden Wollknäuel. Insgesamt rannten da – außer den vier Kleinen – noch fünf größere durch die Wohnung, sprangen auf die Polster, setzten sich mir abwechselnd auf den Schoß.
Wann es den nächsten Wurf gebe, fragte ich voller Erwartung. Frau Dr. Täuber schüttelte bedauernd den Kopf – bei ihr vorläufig nicht, und sie sei in Deutschland bislang ja die einzige Züchterin.
"Wenn Sie nicht unbedingt züchten wollen, könnte ich Ihnen einen anderen Vorschlag machen. Sehen Sie, hier, die kleine Droma," sie hob ein beige-farbenes Wollknäuel hoch, das etwa doppelt so groß wie die Babies war, "diese kleine Hündin ist vorläufig für die Zucht nicht geeignet, weil sie kein schwarzes, sondern eine rosafarbenes Näschen hat. Sie ist knapp ein Jahr alt und würde sich, falls Sie sie möchten, sicher noch gut umgewöhnen, und sie hat ein sehr anhängliches Wesen."
Sie setzte sie auf meinen Schoß, wo der kleine Hund sich zusammenrollte, das rosafarbene Näschen auf meine Hand legte und mir einen Finger um den anderen zärtlichst ableckte.
Konnte man da widerstehen?
Und so kam es, dass Klein-Droma am nächsten Tag in der von der Fluggesellschaft verlangten, wasserdichten Tasche auf meinem Schoß von Berlin nach Stuttgart flog.
Die Begeisterung der Kinder kannte keine Grenzen, als die Kleine, selbstbewusst das nach oben gekringelte Schwänzchen schwenkend, unsere Wohnung erforschte und – schwupp! In den antiken, halb geöffneten

Garderobenschrank hüpfte. Wir hatten Mühe, ihr ein Körbchen schmackhaft zu machen, denn der Schrank war und blieb für sie "erste Wahl".
"Droma vom Potala" wurde als "Jou-Jou" bald zu einem vollwertigen Familienmitglied, das, seiner praktischen Größe wegen, überall hin mitgenommen werden konnte.

Vom Gedeihen unseres kleinen Lieblings schickte ich Frau Dr. Täuber regelmäßig Fotos. Eines Tages – es war in unserem positiven Jahr 74 – meinte sie, Droma sei so gut geraten und sogar das Albino-Näschen sei dunkler geworden – ob ich ihr den Gefallen täte, mit dem Hund in Süddeutschland zu einer Ausstellung zu gehen – es wäre wichtig, zu sehen, welche Kriterien hier, wo diese Rasse noch kaum bekannt war, als Maßstab genommen werden. Also meldeten wir sie stolz auf dem Killesberg an, wo sie auf Anhieb die Note "sehr gut" erhielt und für ihre Rasse sogar die goldene Preismünze am Band! Gut, es waren nur vier Vertreter/innen da – aber, wer fragte denn danach?
Nachdem Frau Täuber die Kopie der Benotung erhalten hatte, rief sie an und meinte, jetzt stehe einem Wurf ja

nichts mehr im Wege – es sei für eine Hündin eh gut, wenn sie wenigstens ein Mal in ihrem Leben Mutter geworden sei.
Die Aussicht, ein Häufchen solcher Wollknäuel bei uns zu haben, wie wir's damals bei Dr. Täuber sahen, war verlockend. Aber wo einen geeigneten Papa finden, wo doch die Rasse so selten war?
Auch hier wusste Frau Täuber Rat – sie gab mir die Anschrift einer Zahnärztin am Zürichsee, die mehrere preisgekrönte Rüden besaß und nur eine liebevolle Hobbyzucht betrieb.
Also schickte ich Wunsch und Empfehlung an den Zürichsee, legte ein Foto von Droma bei und bat um Rückruf. Der kam prompt. Natürlich würden sie für eine Hündin von Frau Dr. Täuber gerne einen "Liebhaber" stellen – ich solle, wenn die nächste Läufigkeit beginnt, einfach anrufen.
Passenderweise fiel das in den Mai, kurz vor Beginn der Pfingstferien.
Wir verabredeten uns für Himmelfahrt. Ich müsse mich aber auf mindestens drei Tage Aufenthalt einrichten, denn bei dieser Rasse gehe das nicht so hoppla-hopp, die seien sehr wählerisch. Für meine Unterkunft werde aber gesorgt sein.
Himmelfahrt 1974 – 14 Uhr.
Ich stand vor einem gemütlich wirkenden Haus inmitten eines liebevoll angelegten Gartens, an dem man links und rechts vorbei den Zürichsee und dahinter die Alpen sah. Ein großer Kombi, voll beladen mit Zeltutensilien und Rucksäcken, parkte davor. Gerade, als ich klingeln wollte, ging die Tür auf und zwei Damen kamen heraus.
"Ja, grüezi!" sagten sie wie aus einem Mund, "Sie müssen die Rose sein!" – "Ja."

"Ich bin die Els – und das ist Rosmarie. Und wo ist das Hündli?"
"Ich dachte, es ist besser, wenn ich sie noch im Auto lasse."
"Nein, nein – sie hat sicher Durst. Die anderen sind alle vorne im Garten. Da darf sie nachher gleich raus zum kennen lernen!"
Auch dem Hund schien dieser herzliche Empfang gut zu tun – sie folgte Rosmarie sofort in die Küche, trank ein Schälchen leer, nahm artig einige Leckerlis in Empfang und ließ sich dann – etwas peinlich berührt zwar – von insgesamt acht anderen Lhasas im Garten beschnuppern. Man ließ die Tür zum Garten offen und trank im rundum verglasten Esszimmer Kaffee.
Ich erzählte, wie ich zu meiner kleinen Lhasa-Hündin gekommen war und was wir schon mit ihr erlebt hatten. Plötzlich unterbrach mich Els:
"Entschuldigen Sie, aber wir sitzen ein wenig auf Kohlen – wir wollen nämlich heute noch mit den Hunden in die Berge! Wir lassen Ihnen zwei Rüden da, die uns geeignet erscheinen."
"Und – wann kommen Sie wieder? Sehr spät?"
Els lachte. "Am Sonntag. So um die Mittagszeit!"
Entgeistert blickte ich meine Gastgeberinnen an.
"Keine Angst, es ist für alles gesorgt. Ich zeige Ihnen gleich Ihr Zimmer, der Kühlschrank ist gut gefüllt, für die Hunde hat Rosmarie vorgekocht.
Trinken Sie lieber Rot- oder Weißwein?"
"W-w-wenn, d-d-dann trinke ich Rotwein," stotterte ich.
"Nun, dann holen wir gleich ein gutes Fläschchen aus dem Keller, wenn ich Ihnen die Sauna zeige. – Sie mögen doch Saunieren?"
Ich konnte gerade noch mit dem Kopf nicken.

Keine zehn Minuten später wurde mir ein Hausschlüssel in die Hand gedrückt, mit einem verschmitzten "Viel Erfolg!" verabschiedeten sich meine Gastgeberinnen – und weg waren sie...
Benommen saß ich auf der Terrasse, blickte kopfschüttelnd auf den Schlüssel in meiner Hand und konnte nicht fassen, dass es Menschen gab, die einer wildfremden Person so viel Vertrauen schenkten, dass sie ihr nach zwei Telefonaten und einer Stunde Konversation hier einfach ihr Haus überließen – mit allem, was es zu bieten hatte. Und das war eine ganze Menge, dachte ich beeindruckt. Diese Aussicht! Dieses liebevoll vorbereitete Gästezimmer, aus dem ich morgens beim Erwachen einen atemberaubenden Blick haben würde! Und all das, was einen da aus dem Kühlschrank heraus anlachte, die gemütliche Einrichtung und, und, und...
Ich kam mir vor, als wäre ich plötzlich in einem Märchen gelandet. Auch Jou-Jou schien sich äußerst wohl zu fühlen. Allerdings hatte sie keinerlei Lust auf Erotik. Ich versuchte, ihr klar zu machen, dass das eine einmalige Gelegenheit sei, sich so stilvoll verlieben zu dürfen – und dann noch in zwei so ausgesprochen appetitliche Herren! Besonders der eine, der Tuggli hieß, sei doch sicher der Traum jedes Hunde-Mädchens. Sein elegantes, schwarzes Haar, die schneeweiße Brust, die beiden herzigen, weißen Tupfen über den Augen – einfach zum Verlieben! Droma schnupfte nur leicht verächtlich, lag neben mir in der Sonne, knurrte, wenn einer der Herren sich ihr in eindeutiger Absicht näherte, stand auf, ging mit aufreizendem Hüftschwung ins Haus und leerte die Fressnäpfe der Verehrer, die vor lauter Liebeskummer keinen Appetit hatten.
Es war mir schrecklich peinlich, Els und Rosmarie am

Sonntag berichten zu müssen, dass sich absolut nichts getan habe – salopp ausgedrückt: außer Spesen nix gewesen!
Lachend meinten sie, das sei ihnen nichts Neues. Diese Rasse sei sich nun mal ihres Wertes bewußt und die Damen daher entsprechend kapriziös. Eilig dürfe es ein Züchter damit nicht haben...
"Hat's Ihnen denn wenigstens gefallen hier und haben Sie sich wohl gefühlt?"
Ich dankte den beiden überschwänglich, versprach – auch ohne Kinderwunsch – bald wieder zu kommen und fuhr, zwar unverrichteter Dinge, aber trotzdem zufrieden, nach Hause.
Aus dieser ersten Begegnung am Zürisee ist eine inzwischen mehr als 32 Jahre dauernde, herzliche Freundschaft geworden, die drei Hundegenerationen überlebte.

Auch Frau Täuber wunderte sich nicht über die "Fehlanzeige", die ich ihr telefonisch durchgab. Ich solle eben bis zur nächsten Läufigkeit warten. Wenn ich dann sichergehen wolle, hätte sie mir die Adresse einer Züchterin in Holland, die auch preisgekrönte Rüden besitze, und die dank einer Vereinbarung mit der Uni-Tierklinik in Utrecht auch eine Erfolgsgarantie gebe.
Kurz nach Weihnachten nahm ich mit der holländischen Züchterin Kontakt auf, berief mich auf Frau Dr. Täuber.
Allerdings gestaltete sich dieser Kontakt ganz anders als bei Els und Rosmarie.
Ja, ich könne kommen. Den Rüden für Droma wolle sie aussuchen, wenn sie meine Hündin und ihr Naturell gesehen habe. Droma will nicht? Kein Problem, da haben wir Mittel und Wege, das garantiere sie mir. Normalerweise bekomme sie einen Hund aus dem Wurf – da ich aber so weit entfernt sei, solle ich ihr einfach 1000 DM bezahlen,

da seien dann alle Kosten für die Klinik und die tierärztliche Garantie schon drin.
Ende März war es wieder so weit. Ich rief in Utrecht an, fuhr am nächsten schulfreien Wochenende hin, besorgte mir ein Hotelzimmer am Stadtrand und wurde dort samt Hund von der Züchterin abgeholt. Droma durfte kurz die Herren beschnuppern, wandte sich jedoch entrüstet ab, als ihr der für sie "besonders Geeignete" Avancen machte. Na, dann halt die unromantische Art! meinte die Züchterin lakonisch, lud mich und die zwei Hunde ins Auto, fuhr mit uns zur Tierklinik.
Dort wartete bereits ein blütenweißer Kittel, schnappte sich den verdutzten Rüden, stellte ihn auf den klinisch sauberen, chromblitzenden Tisch, bearbeitete ihn mit kundiger Hand, stülpte ihm im richtigen Moment ein breites Reagenzglas über, setzte ihn runter. Die milchige Flüssigkeit zog er auf eine Kanüle, nahm dann Droma, massierte ihr den Schwanzansatz und entleerte die Kanüle in das rosarot-weiche Teilchen, das sich ihm entgegenhob.
"So, das wär's!"
Damit sich die Sämchen auch richtig nach weiter drinnen vorarbeiten, musste ich mit Droma noch eine Viertelstunde im Klinikhof auf und abgehen und darauf achten, dass sie sich nicht etwa zum Pipi-machen hinsetzt.
Danach wurde noch Temperatur gemessen, die besamte Lokalität abschließend in Augenschein genommen, für gut befunden – und dann konnten wir wieder gehen.
Das Ganze hatte keine 40 Minuten gedauert.
Noch immer unter dem Eindruck der freudlosen Empfängnis meines armen, geliebten Hundes wurden wir wieder im Hotel abgeliefert, ich bezahlte, bekam eine

ordnungsgemäße Quittung mit anhängender, tierärztlicher Bestätigung – und weg war sie, unsere "Zuchtmutter"...
Nach einigen Wochen, in denen ich schon befürchtet hatte, die ganze Reise und Prozedur seien für die Katz gewesen, fing Droma-Joujou plötzlich an, überall Nester zu bauen. Auf allen Teppichen wurde gescharrt, Kleidungsstücke wurden in Ecken versteckt, und vor allem der inzwischen auf den überdachten Teil der Terrasse gewanderte, antike Garderobenschrank wurde heftig bearbeitet. Sobald die Türe einmal nicht zu war, verschwand sie in diesem Möbel, das sie bei ihrem Einzug vor mehr als drei Jahren zuerst als Bleibe ausgesucht hatte.
Ein größerer Korb wurde angeschafft, einige der Kleidungsstücke, die sie zusammengetragen hatte, hineingelegt. Sie nahm ihn zwar an, kratzte aber weiterhin immer mal wieder sehnsüchtig an den bewussten Schranktüren.
In der Nacht zum 9. Juni 1975 war es sehr warm – man ließ daher alle Türen zu Balkonen und zur Terrasse hin offen.
Bevor ich zu Bett ging, streichelte ich nochmals Jou-jou, deren Körbchen direkt neben mir stand, damit ich's auch bestimmt mitbekäme, wenn das große Ereignis begann.
Als ich morgens aufwachte, war Jou-Jou nicht im Korb. In der Küche, wo sie sich seit ihrer Schwangerschaft gerne auf die kühlen Fliesen legte, war sie auch nicht. Mir schwante Schlimmes! Schnell nach oben! Oh Gott, die Tür des Schrankes draußen stand halb auf – sicher war sie nur angelehnt gewesen, und sie hatte es geschafft, die Tür weit genug zu öffnen.
Was für ein Anblick!

Da lag mein Hund mit vier noch ganz nassen, neugeborenen Babies!
Schnell wurde der Tierarzt gerufen, der – obwohl es erst 7 Uhr war, sofort kam. Lachend stellte er fest, er habe noch nie so einen "beschränkten" Geburtsort erlebt. Aber dann lobte er, Droma habe alles ganz prima gemacht, bei dieser Rasse seien offensichtlich die Instinkte noch in Ordnung.
Er korrigierte ein wenig die Nabelschnurreste, untersuchte dann die vier Kleinen. Es seien alles Mädchen. Die Babies wurden an die Zitzen gelegt und begannen auch sofort kräftig zu saugen – bis auf das Kleinste, das von den anderen drei kräftigeren immer weggedrückt wurde.
Es war ein schwarzes, mit weißem Brustlatz, weißen Pfötchen und einer weißen Schwanzspitze – als wäre es ein Kind von meinem Traumhund Tuggli bei Els und Rosmarie...
"Die Kleine hier werden wir sicher nicht durchbringen," sagte der Tierarzt bedauernd. Es täte ihm sehr leid, uns sagen zu müssen, dass es das Beste wäre, diesem Tierchen Leiden zu ersparen.
"Oh, bitte, nein!" rief ich entsetzt. "Was fehlt ihm denn? Ist es krank?"
"Krank nicht, aber eben viel zu schwach. Sehen Sie, es kann ja nicht mal an der Zitze saugen."
"Sagen Sie mir doch bitte, bitte, was man tun kann, um es zu retten!"
Mitfühlend schaute er mich an.
"Sie müssten praktisch selber Milch aus den Zitzen in ein Puppenfläschchen ‚melken', die Flüssigkeit mit Babymilchpulver anreichern und ihm das alle zwei bis drei Stunden einflössen – und zwar Tag und Nacht!"

Ich sah es als himmlische Fügung an, dass seit zwei Tagen Pfingstferien waren.
"Kein Problem," sagte ich entschlossen, und der Tierarzt versprach, täglich, auch am Wochenende vorbeizuschauen. Ach ja – und im Freien könne die Kinderstube natürlich nicht bleiben!

Jou-Jou knurrte unwillig, als ich den Korb vor den Schrank stellte und sie zum Umzug bewegen wollte.
Kurzerhand bat ich Wilfried, in seinem früheren Betrieb unten Hilfe zu holen, und so wurde der Schrank von zwei starken Männern nach drinnen, direkt vor die Schiebetür im Wohnzimmer gestellt.
Ich stellte mir, wo ich auch war, einen Wecker und sah alle zwei Stunden gerührt zu, wie das winzige Wesen tatsächlich schmatzend aus dem Puppen-Fläschchen trank.
Und nachts? Auf einem vier Meter langen Podest in unserem geräumigen Wohnzimmer lagen breite Polster-Sitzkissen. Daraus schichtete ich mir eine Liege und verbrachte so die nächsten acht Nächte direkt neben der jungen Familie...

Nach zehn Tagen meinte der Tierarzt lächelnd:
"Sie haben's geschafft! Jetzt kriegt der kleine Schatz noch eine Aufbauspritze – und dann machen wir den Zitzentest."
Er drückte einen Tropfen Milch aus einer Zitze, legte die Kleine an, sie schleckte kurz – und dann trank sie tatsächlich selbst.
Ich weinte vor Freude.
Und wieder einmal wurde es ganz hell um mich...
Von nun an waren wir mit zweien der Wollknäuel unterwegs, denn die kleine Mi-hu (tibetisch für "Püppchen") die ich mit soviel Herzblut dem Leben erhalten hatte, blieb natürlich bei uns.

Um für die anderen drei geeignete "Familienanschlüsse" zu finden, fuhr ich viele Hundert Kilometer zu Interessenten, um zu sehen, ob die Kleinen dort in unserem Sinne leben könnten. Mit einigen davon verbindet uns - auch über den Tod der Hunde hinaus – bis heute noch herzliche Freundschaft.

# Wanderjahre

Meine "Kleine Galerie" hatte ich inzwischen geschlossen – wegen des schon geschilderten Eklats mit einem Künstler.
Bei meinem Mann ging die Heilpraktiker-Ausbildung in die Endphase. Er büffelte nun tatsächlich eisern – ich hörte ihn die 42 Infektions-Krankheiten in Symptomatik und Diagnose ab, wusste bald ebenfalls alles auswendig – und ärgere mich bis heute darüber, dass ich damals nicht auch gleich diese Prüfung machte...
Nun, für sein Selbstwertgefühl war es auf jeden Fall besser, dass er es alleine schaffte.

Im Frühjahr 76 erlebten wir wieder einmal glückliche, helle Osterferien in der nördlichen Provence, der Gegend Südfrankreichs, die mich von Anfang an fasziniert hatte. Und: wir fanden ein finanzierbares Ruinengrundstück, das man peu à peu wieder aufbauen konnte. Es lag idyllisch in einem Dörfchen am Berg, direkt unterhalb eines mächtigen Schlosses aus dem 11. – 15. Jahrhundert. Nur noch Mauerreste mit breiten Rissen und ohne Dach standen da von einem winzigen, türmchen-artigen und einem etwas größeren Gebäude. Innerhalb der Mauern wuchs ein Feigenbaum, an dem die Ziege des Nachbarn angebunden war – das Türmchen, das man ‚Pigeonnier' – also Taubenschlag – nannte, diente als Hühnerstall...
Man würde viel Arbeit investieren müssen, bis man die ersten Ferien verbringen könnte – aber der Kaufpreis war so günstig, dass ich ihn von drei Monatsgehältern hätte bezahlen können.
Alles weitere würde sich finden – wir hatten ja Zeit.

In diesem Jahr lief der Kaufpacht-Vertrag für den Betrieb aus, das heißt, die Finanzierung des großen Hauses würde problematisch werden. Mein Gehalt reichte gerade für den Lebensunterhalt der Familie. Die Mieten würden eventuell die Raten decken – aber, mein frischgebackener Heilpraktiker hatte sich bereits eine Praxis in Bad Wildbad zugelegt, in bester Kur-Lage, die erstens viel Miete kostete – und zweitens (wegen der großen Entfernung) eine doppelte Haushaltsführung erforderte.
Schweren Herzens entschlossen wir uns, das Haus zu verkaufen, denn – daran ließ mein Mann keinen Zweifel – auf die Dauer gesehen würde er ein erfolgreicher Heilpraktiker in einem international bekannten Kurort sein – und die Familie würde dann natürlich ihren Wohnsitz im Schwarzwald haben.
Das Uhinger Wohn- und Geschäftshaus wurde zuerst dem

*Adieu, Uhingen!*

Inhaber des Betriebs angeboten. Dieser hatte auch sofort Interesse, machte aber ein Kaufangebot zu einem für mich inakzeptabel niedrigen Preis. Wieder – wie damals beim Verkauf des Betriebs – hatten wir unschöne Diskussionen, da ich nicht zustimmen wollte, die wirklich werthaltige Immobilie zu verschleudern.
Nach einer geringfügigen Erhöhung des Angebots wurde mir vorgerechnet, es reiche nicht nur die Ablösung des Restkredits, nein, es wäre sicher noch ausreichend Kapital übrig für ein gemütliches, kleines Haus im Schwarzwald und sogar für's Feriendomizil in der Provence. Also, was wollten wir mehr?
Wie immer ließ ich mich überzeugen...
Im Frühjahr 77 fand man dann das Traumobjekt im Schwarzwald – ein ehemaliges Försterhaus, mit Schindeln verkleidet, auf einem riesigen Grundstück. Ein großes Holzhaus und ein Schuppen mit angebautem Hühnerstall gehörten dazu.
"Da können wir endlich ein Pony unterbringen!" jubelten die Kinder – ich:
"Da kann ich meine eigenen Hühner halten!"
Er: "Auf dem Heuboden werde ich die Kräuter, Heil- und Teepflanzen zum Trocknen aufhängen, die wir in der Umgebung selbst sammeln!"
Eine Euphorie ohnegleichen erfasste uns – die allerdings jäh gebremst wurde durch die Begleiterscheinungen des Standortwechsels der Familie: meine Versetzung war nur möglich an eine mehr als dreißig Kilometer vom Wohnort entfernte Schule, da im nahen Calw keine Stelle frei war. Für Matthias, der bisher ein Gymnasium mit grundständigem Latein besucht hatte, war der Besuch einer gleichartigen Schule unmöglich. Seine Lehrer hatten uns geraten, ihn "auf Englisch umstellen zu lassen" – was aber

parallel zu einem Normal-Schulbesuch nicht möglich sei. Er sollte daher vorläufig in ein Internat gehen. Judith hatte noch am wenigsten Probleme – sie würde auf ihrer Schulbusfahrt täglich an einem Reiterhof vorbeikommen – also war die Welt für sie in Ordnung...
Mir ging es zwar gesundheitlich nicht besonders gut – ein großes Myom hatte operativ entfernt werden müssen – aber die stilvolle Konfirmation, die wir mit Matthias noch im großen Uhinger Haus feiern konnten und die Aussicht, im Schwarzwald wieder zu einem wirklichen Familienleben zu finden, stimmte auch mich positiv.
Ein Teil der Ruine in Frankreich war so weit hergestellt, dass ich mit den Kindern erholsame Sommerferien verbringen konnte, bevor ich den inzwischen fünften Umzug zu meistern hatte.
Den brachten wir Ende August hinter uns – zum Einzug im Schwarzwald gab's Wanderschuhe für die ganze Familie und Körbchen. Körbchen für die Heidel- Him- und Brombeeren, sowie die Kräuter und Pilze, die man ab jetzt sammeln würde.
Matthias überstand seinen Internatsanfang ohne Tränen – wie sehr er in Wirklichkeit unter der Trennung litt, erkannte ich leider erst viel später.
Die Praxis war im Frühjahr und Sommer erstaunlich gut besucht gewesen, sodass man schon eine richtig dicke Patientenkartei vorweisen konnte.
An den Wochenenden, die Matthias zu Hause verbrachte, gab es gelungene, gemeinsame Unternehmungen in bester Laune.
"Wir sind nun doch wieder eine Familie," dachte ich im Stillen glücklich und sanktionierte im Nachhinein alle meine Entscheidungen.

Alles lief positiv bis – so ungefähr zum 20. Oktober...
Da kam der erste Schnee! Nicht etwa zaghaft und auf der Straße sofort wieder zu Wasser werdend, wie wir's vom Fils- und Neckartal gewohnt waren – nein, in dicken Flocken, die überall haften blieben und sich innerhalb weniger Stunden zu einer durchgehenden Schneedecke zusammenfügten.
Der Verkehr auf den Berg- und Tal-Strecken rund um und in Calw kam zum Erliegen, ich brauchte mehr als eine Stunde für meinen Schulweg, Wilfried dasselbe in die Praxis.
Und dort saß er dann tagelang ohne Patienten.
Die letzten Kurgäste hatten der Schnee und das rheumatischen Beschwerden wirklich nicht zuträgliche feuchtkalte Winterwetter vertrieben, die wenigen Patienten aus der Umgebung sagten die Termine ab.

*Abschiedsfeier in Wendlingen*

An einem Wochenende Anfang November kämpfte ich mich bis etwa Magstadt durch den Schnee, ab Leonberg waren die Straßen nur noch nass, ab Stuttgart bis Wendlingen waren sie trocken!!! Mein Vater ging in Pension und hatte sich gewünscht, dass ich ihn wieder einmal auf dem Klavier begleite bei einigen musikalischen Vorträgen bei seiner festlichen Verabschiedung. Als ich – zwanzig Minuten zu spät kommend – die

Wetter- und Straßenverhältnisse im Schwarzwald schilderte, herrschte ungläubiges Staunen.

Man musste das Beste daraus machen:
Zu Weihnachten gab's für die ganze Familie Langlaufskier und die dazugehörende Kleidung. Schließlich musste man das Grundstück nur durch die hintere Gartentür verlassen und konnte kilometerweit durch Wald und Wiesen laufen...
Opa und Oma konnten zwar zum ersten Mal am Weihnachtstag nicht bei uns sein – nach der Pensionierung wohnten sie nun in Glems, wo gerade ebenfalls viel Schnee lag.
Zu Silvester kamen unsere lieben Freunde Ursel und Gerhard, die aber das sich schon fast einen Meter hoch an den Straßen türmende Weiß nach einem Tag schon satt hatten und uns an Neujahr wieder verließen...
Januar, Februar, März – fast täglich kam der Minitraktor, den man für's Grasmähen und zum Schneeräumen anschaffen hatte müssen – zum Einsatz.
Mit jedem Tag wuchsen unsere Aggressionen gegen die weiße Pracht.
Die Stimmung bei den Mahlzeiten, an den Abenden war gereizt. Mein Mann war genervt, weil er oft tagelang unbeschäftigt in der Praxis saß, Judith und mich stresste unser Schulweg, Matthias litt an Heimweh, weil er zwischen seinen Heimfahrten keine Besuche mehr erhielt.
Glücklich und dankbar fuhr ich mit den Kindern Ende März in die Osterferien nach Südfrankreich, zu blühenden Berghängen und Obstplantagen...
Die Winterpause in Wilfried's Praxis ging bis Mitte Mai – und es war inzwischen klar, dass man zwar in der kurzen Saison mit Kurgästen rechnen konnte, dass jedoch die

ortsansässige Bevölkerung das Angebot einer Heilpraktiker-Praxis nicht annahm. Er würde sich für den Winter etwas einfallen lassen müssen. Beim Besuch eines Kongresses traf er einen alten Schulfreund wieder, der inzwischen geschäftsführender Gesellschafter einer pharmazeutischen Firma geworden war. Diese suchte händeringend einen Heilpraktiker für die Standbetreuung bei Kongressen und Tagungen. Wilfried griff sofort zu – die Tätigkeit wurde sehr gut bezahlt, und außerdem würden sämtliche Spesen und Übernachtungen in besten Hotels übernommen werden – eine Aussicht, die meinen gerne weltmännischen Mann vollends überzeugte.
Für mich und die Kinder bedeutete dies jedoch, dass er nach einem kurzen Familien-Intermezzo nun wieder zu seinen früheren "kleinen Freiheiten" zurückkehrte – war er doch auch Mitglied in einer Stuttgarter Loge geworden und daher an einem Wochentag ebenfalls wieder ab nachmittags unterwegs...
Der kurze, schöne Sommer im Schwarzwald und die weit in den September nachwirkende Wärme der Ferien in Frankreich, trösteten etwas über die Kümmernisse hinweg. Und wieder Oktober. Und wieder Schnee, Schnee.

Die Kosten der unrentablen Praxis, die nur noch drei Tage geöffnet war, verdiente Wilfried grade mal so bei seiner Kongresstätigkeit. Zuhause hatte man ein Sprechzimmer eingerichtet, in der Hoffnung, dass einige Patienten aus dem Dorf und der näheren Umgebung kommen würden Fehlanzeige!

Mich nervte der tägliche Kampf mit den Straßenverhältnissen, aber einen halben Lehrauftrag konnten wir uns jetzt finanziell nicht leisten...

Der Haushalt, der untätige, unzufriedene Mann, das unbefriedigende Familienleben, Diskussionen um Lappalien wie zum Beispiel, ob man das Schnitzel nun paniert oder einfach "natur" brät, zerrten an meinen Nerven. Oft hatte ich rasende Kopfschmerzen und dann auch wieder Schmerzen im Unterleib.

Mein Frauenarzt in Stuttgart diagnostiziert erneut ein großes Myom in der Gebärmutter, rät dringend zur Operation. Ich nehme plötzlich rapide ab, leide unter entsetzlicher Krebs-Angst. Mein Heilpraktiker nimmt mir Blut ab, schickt es an das Labor, mit dem er in der Praxis zusammenarbeitet, legt mir die Auswertung kommentarlos an seinem "Stuttgarter Tag" auf das Klavier im Wohnzimmer.

Ich lese nur den letzten Satz: "Gebärmutter-Ca nicht mit Sicherheit auszuschließen."

Ich erbreche alles, was ich an diesem Tag zu mir genommen habe, schleppe mich ins Bett, nehme ein starkes Sedativum.

Judith kommt nach Hause, mit roten Wangen vom Ausritt im Schnee.

Die Mama nachmittags im Bett?

Aha – Bauchschmerzen! Rührend umsorgt sie mich,

kocht mir Tee, bringt mir eine Wärmeflasche für den Bauch, schüttelt meine Kissen auf.
Gegen meine Schläfen hämmert pausenlos der Gedanke "Gebärmutter-Ca..."
Es wird dunkel. Judith kommt erneut, um nach mir zu schauen, macht Licht, sieht mein total verheultes Gesicht, fragt erschrocken, ob mir denn außer dem Bauchweh noch was fehle.
"Ach," versuche ich zu scherzen, "ich glaube, ich hab einen Schneekoller!"
"Versteh ich gut. Ganz ehrlich, Mama, mir geht der Schnee langsam auch ziemlich auf den Wecker!"

Am nächsten Tag entschuldigte ich sowohl Judith, als auch mich in der Schule und fuhr nach Stuttgart zum Frauenarzt. Ich legte ihm den Laborbefund auf den Schreibtisch. Er erschrak, wetterte, wie man so etwas einfach einer Patientin ohne Erklärungen aushändigen könne, beschwor mich, das nicht so ernst zu nehmen, nahm mir erneut Blut ab, das er gleich in seinem eigenen Labor untersuchen ließ.
Kaum eine Stunde später erfuhr ich, dass es sich wahrscheinlich nur um einen – meiner schlechten gesundheitlichen Verfassung wegen resistenten Entzündungszustand im Körper handele.
Er riet mir noch einmal dringend zur Operation, beruhigte mich, er sei ein anerkannter Chirurg für diese Eingriffe und in der Klinik, in der er Belegarzt war, würde ich in besten Händen sein. Als ich zustimmte, meinte er, ich müsse unbedingt erst zur Ruhe kommen und der akute Entzündungszustand sollte völlig abgeklungen sein. Er schrieb mich bis auf weiteres krank, was für mich geradezu ein Geschenk war. Judith und ich gingen bummeln,

chinesisch essen, fuhren zu Opa und Omi nach Glems. Als ich dort alles erzählte, war meine Mutter sofort bereit, für die etwa drei Wochen Klinikaufenthalt nach der Operation zu uns zu kommen, um die Betreuung von Judith zu übernehmen.
Spät abends kamen wir nach Hause, trafen einen sehr ungehaltenen Hausherrn an, den man im Unklaren gelassen hatte, wo "die Damen" sich herumtreiben. Ich bemerkte den Zynismus einfach nicht, erklärte kurz, wo wir waren, dass ich Ende November operiert werden würde und bis dahin krankgeschrieben sei, damit ich zur Ruhe käme und die entzündlichen Zustände in meinem Körper abklingen könnten.
"Na, da kannst du dich ja jetzt richtig erholen – umso mehr, als du auch mich in den nächsten drei Wochen nicht ertragen musst!"
"Warum denn das?"
"Ich habe gestern in Stuttgart eine Indien-Rundreise gebucht, die ich allerdings nur günstig bekam, weil ich schon übermorgen fliege. In der Praxis ist ja nichts los und Kongresstermine hab ich in der Zeit auch nicht."
Ich war ihm fast dankbar...
Eine Zeit der Stille, der Besinnung begann für mich. Warm gekleidet stapfte ich täglich mit den Hunden durch den Schnee, trank zu Hause Tee mit Rum, aß Unmengen von vorgezogenem Weihnachtsgebäck, spielte Klavier, las Bücher – und schrieb.
Ja, ganz zaghaft begann ich wieder Lyrik zu schreiben, was ich seit Judiths Geburt eigentlich nicht mehr getan hatte.
Es tat mir richtig gut, wieder einen Weg gefunden zu haben, um alle meine Ängste, Frustrationen, Enttäuschungen aufarbeiten zu können.

Eine Woche, nachdem mein von Indien restlos begeisterter Mann zurück war, wurde ich operiert. Alles verlief sehr gut und die Schwestern in der Fetzer-Klinik kümmerten sich rührend um mich: als ich aus der Narkose aufwachte, saß eine an meinem Bett, hielt meine Hand, strich mir übers Haar, betupfte meine ausgetrockneten Lippen mit Tee, weil ich noch nichts trinken durfte...

Wilfried schien sich zu freuen, dass es mir so gut ging, erzählte, zu Hause kämen Judith und Omi gut zurecht, nur manchmal sei's für ihn etwas ungemütlich, weil die Omi auf ihre Art überall sauber und Ordnung mache...
Am Anfang der dritten Woche, die ich in der Klinik verbrachte, kam er mit einem besonders großen Blumengebinde, überreichte mir ein wunderschönes, sehr altes, indisches Tantra-Bild und sagte, er habe mir etwas Erfreuliches mitzuteilen.
"Bei einem Kongress hab ich vor einiger Zeit einen älteren Kollegen kennen gelernt, der schon lange einen Nachfolger für seine Super-Praxis sucht. Letzte Woche war ich dort und hab mir alles angesehen. Seine Kartei umfasst imponierende drei Meter – und in den zwei Stunden, die ich bei ihm verbrachte, wurden mehr als zwanzig Patienten durchgeschleust. Ich bin ich mit ihm auch wegen des Übernahmepreises schnell handelseinig geworden – und das Beste: zum 1. Januar kann ich die Praxis schon übernehmen."
"Und wo ist diese phänomenale Praxis?"
"Mitten in Ulm."
"In Ulm??" rief ich entsetzt, "das ist doch mindestens 150 Kilometer entfernt!"
"Nicht ganz. Aber das ist auch kein Problem. Die Praxisräume sind sehr groß und die Miete relativ günstig.

Ich kann mir dort eine vollwertige Zwei-Zimmer-Wohnung einrichten."
Ich war wie versteinert.
"Findest du es richtig, alle diese einschneidenden Veränderungen alleine zu entscheiden – ohne es mit mir zu besprechen?"
"Du warst doch in letzter Zeit eh nur noch ein Nervenbündel – und ich konnte mir nach dem Fiasko der Wildbader Praxis dieses Angebot nicht entgehen lassen. Außerdem glaube ich, dass es unserer Ehe ganz gut tun wird, wenn wir ein wenig Abstand voneinander bekommen. Ich werde mich bemühen, dass wir einige Kongress-Wochenenden zusammen verbringen können – so ein Tapetenwechsel wirkt Wunder, wirst du sehen!"
Am dritten Advent bekam ich die Praxis gezeigt.
In Ulm lag weniger Schnee als im Schwarzwald, aber es herrschte eine eisige, beißende Kälte.
Die weihnachtlich geschmückte Altstadt, der Münsterplatz, die stillen Donau-Auen wurden mir gezeigt. Und von den zahlreichen, kulturellen Events schwärmte er, als wäre das für ihn plötzlich sehr wichtig...
"Und, du wirst sehen, hier werde ich wirklich schnell Fuß fassen – und dann können wir uns hier ein großzügiges Haus leisten und das im Schwarzwald verkaufen wir wieder. Du fühlst dich dort ja eh nicht wohl."
Am nächsten Tag lag ich (mein Immunsystem war wohl noch zu geschwächt für solche Belastungen) mit hohem Fieber und einer Mittelohrentzündung im Bett.
Nein, dachte ich, nein, auf keinen Fall werde ich noch einmal an einen Ort ziehen, der mir absolut nicht liegt, der mir mit soviel Kälte begegnet...
Wilfried renovierte die Praxis auf's Feinste – an nichts wurde gespart.

Er stellte eine Sprechstundenhilfe ein, die ihn monatlich so viel kosten würde, wie das, was ich mit dem halben Lehrauftrag verdiente, den ich wegen meiner gesundheitlichen Situation gerade genehmigt bekommen hatte.
Wie sollte all das finanziert werden? Unsere Barreserven waren längst aufgebraucht!
Er tat meine Ängste als Hysterie ab.
In den stillen Tagen bis Weihnachten gewann ich aus dem Verhalten meines selten anwesenden Mannes den Eindruck, dass Ulm ein Synonym für Freiheit für ihn war – Befreiung von finanzieller Verantwortung und Zwängen der Familie, von den Fesseln der Ehe, auch vielleicht von meiner viel zu demütigen Liebe, die ihm bei jedem seiner Flirts ein schlechtes Gewissen verursachte, Befreiung auch von den auf ihn und unseren aufwendigen Wechsel in den Schwarzwald gesetzten Erwartungen und Hoffnungen...
Ich zog Bilanz, rechnete, was ich erarbeitet hatte – und was davon übriggeblieben war, gemessen an der Tatsache, dass ich immer gespart und mir nie etwas gegönnt hatte. Und – durch die verlorenen Investitionen der vergangenen Jahre hatte ich das früher unerschütterliche Vertrauen in die Geschäftstüchtigkeit meines Mannes verloren. Ich wollte es nicht so weit kommen lassen, dass der Familie die Existenzgrundlage entzogen würde!
Ich sagte ihm daher eines Abends, dass ich fest entschlossen sei, meine Familie (ja, ich sagt "meine") nicht noch einmal seiner beruflichen Sprunghaftigkeit zu opfern und dass ich außerdem klare, finanzielle Verhältnisse haben wolle, bestand auf einem notariell beurkundeten Güter-Trennungsvertrag.
Dass ich ihn dazu zwang, hat er mir nie verziehen, meine Beweggründe nie verstanden oder auch nur akzeptiert.

Er igelte sich in seiner Ulmer Praxiswohnung ein, ließ wochenlang nichts von sich hören.
Immer noch krankgeschrieben nach der Operation, musste ich jede Woche einmal nach Stuttgart, freute mich jedes Mal über das so deutlich mildere Wetter, hatte den Eindruck, auch die Menschen seien hier viel freundlicher, machte mit den Hunden Spaziergänge auf den Stuttgarter und den Esslinger Höhen, saß im "Dicken Turm" auf der Burg und blickte wehmütig träumend auf diese so geliebte Stadt hinunter. Hier müsste man wohnen!
Kurzerhand ging ich einmal in das Stadtbüro der Esslinger Zeitung und ließ mir ein Post-Probeabonnement in den Schwarzwald schicken.
Schon in der ersten Samstag-Ausgabe fand ich eine private Immobilien-Anzeige, rief an, fuhr hin und besichtigte das Haus. Absolut nicht Besonderes, aber geräumig und preiswert, verkehrsgünstig gelegen, Bushaltestelle gegenüber, Infrastruktur in Geh-Nähe. Und: Ab 1. Juli frei!
"Das ist dein Bier!" sagte Wilfried nur, als ich ihm meine Absicht telefonisch mitteilte – "dann sieh zu, dass du das Schwarzwaldhaus verkaufst!"
Mit einer Summen-Erhöhung des seit langem angesparten Bausparvertrags und einem kurzzeitigen Bankkredit erwarb ich meine erste Immobilie, die mir und den Kindern eine Heimat sichern sollte, die uns niemand nehmen könnte.
Mit Vehemenz machte ich mich an den Verkauf im Schwarzwald, formulierte eine Annonce, mit der ich viele Interessenten anlockte und ein Ehepaar so für das Objekt und seine Vorzüge begeistern konnte, dass sie es zu einem Preis kauften, den mein Mann nie für möglich gehalten hätte.

Die Aussicht, in Folge der Gütertrennung nun auch eine erkleckliche Summe zu bekommen, stimmte ihn auch mir gegenüber wieder positiver – in Esslingen investieren wollte er aber nichts. Das war ab jetzt "mein Bier".
In den Sommerferien 79 zogen wir wieder einmal um, Matthias kehrte glückstrahlend in die Familie zurück, für beide Kinder – inzwischen 16 und 14, wurden leicht erreichbare Schulen gefunden und ich bekam – nach hartem Ringen mit dem Oberschulamt – ebenfalls eine Stelle an einer Schule, in der ich mich vom ersten Tag an wohlfühlte.
Und – nach einigen Wochen machte sogar mein Mann wieder Stippvisiten bei uns, fand meine Wahl gar nicht so schlecht, die Autobahn-Entfernung von Ulm angenehm und schien auch sehr erleichtert zu sein, dass ich ihm die Sorge für den Wohnsitz der Familie abgenommen hatte. Seine Praxis schien wirklich gut zu gehen, zusätzlich hatte er für die Heilpraktikerschule, bei der er selbst damals seine Ausbildung machte, die Vertretung für den Großraum Ulm übernommen, was ihm außer einer gut bezahlten Unterrichtsverpflichtung auch noch satte Provisionen für neu geworbene Schüler einbrachte. Und an vielen Wochenenden war da noch der einträgliche Kongressdienst.
Seine Lebensweise war nun genau so, wie er es sich vorgestellt hatte. Er konnte das Geld wieder mit vollen Händen ausgeben...
Glücklich war ich dabei nicht – aber ich war einfach zu stolz, ihn um den mir rechtlich zustehenden Unterhaltsbeitrag zu bitten...Ich würde es ganz alleine schaffen, ich hatte schließlich als Schwäbin die Begabung in die Wiege gelegt bekommen, mit Improvisationstalent die sparsame Lebensführung zu perfektionieren...

Obwohl ich wirklich haushalten musste, ging es mir trotz des Alleinseins mit der Verantwortung gut: ich war den alten Freunden wieder nahe, konnte Konzerte, Vorträge, Lesungen besuchen, am Samstag über den Markt und durch die Altstadt schlendern, hinterher die Orgelmatinée im Münster St. Paul besuchen, die einen so richtig fürs Wochenende zur Ruhe brachte.
Lange, vergnügliche Wanderungen mit Kindern und Hunden ins Remstal, auf die Schurwald-Höhen oder Ausflüge zu den Großeltern brachten Entspannung und Zufriedenheit.

## Verluste

Ins Jahr 1980 waren wir relativ friedlich gegangen.
Ich hatte mich mit dieser Art, zu leben arrangiert, stellte keine Ansprüche mehr an unsere Ehe, an die nie erfüllten Wünsche, versuchte, mit meinen heranwachsenden Kindern klar zu kommen.
Judith's Konfirmation war das erste, große "Licht" in Esslingen. Mein Mann mimte den stolzen Vater der hübschen Tochter – meine Eltern, vor allem Papa, waren froh, dass ich wieder zu meinem gewohnten Naturell zurückgefunden hatte.
In den ersten drei Wochen der Sommerferien hatte ich für die Kinder – wie schon seit Jahren – Sprachferien in England gebucht. Ich selbst wollte, da mir in meinen Gelenken immer noch die Schwarzwald-Winter nachhingen, zwei Wochen mit meinen Eltern zu einer Fango-Kur nach Montegrotto fahren.

Kurz vor unserer Abreise kam eines Abends spät überraschend Wilfried. Kaum da, brach er total zusammen, stammelte nur noch "jetzt ist alles aus," klammerte sich förmlich an mich und erzählte dann leise und stockend:

*Im Tower in London*

Das Finanzamt habe, rechtzeitig vor Ablauf der Verjährungsfrist, die Unterlagen des Geschäftsverkaufes noch einmal geprüft und ein übereifriger Beamter vermute nun hinter dem Pachtvertrag den Versuch der Steuerhinterziehung. Es drohe eine Nachzahlung von bis zu 150 Tausend DM!

Wie er da so vertrauensvoll, sich seiner Tränen nicht schämend, den Kopf in meinen Schoß legte, durchflutete mich die alte Wärme.

Er brauchte mich – und sicher liebte er mich doch noch,

sonst wäre ich nicht die erste Person, zu der er kommt, wenn es ihm schlecht geht.
Der Gedanke "er kommt nur, *wenn* es ihm schlecht geht und *wenn* er Hilfe braucht", lag mir fern...
"Sie werden mir alles nehmen, was ich habe – ich kann mich demnächst aufhängen!" jammerte er.
"Alles können sie dir nicht nehmen – mich, deine Frau, zum Beispiel nicht!"
Und dann konnte ich's mir nicht verkneifen, anzumerken, wie gut es doch gewesen sei, vor eineinhalb Jahren Gütertrennung zu vereinbaren.
"Ich danke dir, du hast ja so recht!"
Er versprach, sich in der Zeit meiner Kur um die Hunde und ums Haus zu kümmern, bot an, diverse kleine, handwerkliche Arbeiten zu erledigen und im Garten etwas Ordnung zu schaffen.
Das tat er dann auch tatsächlich, hatte, als ich zurückkam diverse Verschönerungen am Haus vorgenommen und begrüßte mich mit einer Innigkeit, wie ich sie seit unserer Anfangszeit nicht mehr erlebt hatte. Auch die Hunde hatten es offensichtlich sehr gut bei ihm gehabt.
Wir holten gemeinsam die Kinder in Karlsruhe ab, es gab ein Familien-Wiedersehensessen und ich war wieder einmal versucht, an einen Neubeginn zu glauben.
Kurz danach entschuldigte er sich jedoch, er habe wahnsinnig viel zu tun mit neuen Schülern, zusätzlichen Kursen – er müsse sich ja ein finanzielles Polster schaffen. Natürlich sah ich das ein, war aber sehr traurig, dass er weiterhin nur stundenweise nach Esslingen kam.
Zwei Monate später meinte er auf meine Frage, wie sich denn die Steuergeschichte entwickle,
"ach, weißt du, ich hab da vielleicht etwas zu schwarz gesehen. Der Steuerberater sagt, das kann Jahre dauern,

bis die Sache endgültig geprüft, verhandelt und entschieden wird. Also – mach dir keine Sorgen, gönn dir lieber was!"
Es wurde Herbst. Meine inzwischen 11 Jahre alte Hündin Jou-Jou wurde krank, verlor Blut, konnte plötzlich Blase und Darm nicht mehr beherrschen. Der Tierarzt befürchtete, dass sie eine große Operation in ihrem Alter nicht überstehen würde, andererseits ihr aber der rasch wachsende Tumor große Schmerzen verursachen würde.
Zwei Tage lang versuchte ich, meinen Mann zu erreichen, von ihm Hilfe für eine Entscheidung zu bekommen – vergebens.
Das erste Mal in meinem Leben musste ich mit einem Tierchen, das mir ans Herz gewachsen war, das mich zehn Jahre treu begleitet, mich getröstet, aufgemuntert, uns alle durch das Erleben ihrer Mutterschaft gerührt hatte, dem wir die kleine Mi-hu verdankten, den letzten, schweren Weg gehen.
Der Tierarzt und seine Frau trauerten mit mir, als Jou-Jous kleines Herz in meinen Armen aufhörte zu schlagen. Ich saß noch lange in ihrem Wohnzimmer, den leblosen, langsam erkaltenden, kleinen Körper auf meinem Schoß. Dann nahm ihn mir Dr. Weber ab, begrub ihn, da ich ihm gesagt hatte, ich könne nicht mit dem toten Liebling zu den Kindern nach Hause kommen, in seinem eigenen Garten.
Mi-hu, die die ganze Zeit über im Auto gewartet hatte, sprang mir auf den Schoß, leckte mir zärtlich die salzigen Tränen von Wangen und Händen ab.
Wohin mit all meinem Schmerz?
Wilfried hatte sie doch auch geliebt – also musste ihr Tod ihn doch auch berühren. Vielleicht brachte der gemeinsame Schmerz uns beide wieder näher...

Ich fuhr in die kalte Oktobernacht, fand mich plötzlich auf der Autobahn, auf dem Weg nach Ulm, kämpfte mit mir, bis ich an der Praxistür klingelte, denn einen Schlüssel hatte ich nicht... Aber es war niemand da, alles blieb dunkel.
Neun Uhr – wahrscheinlich war er noch in seiner Stammkneipe.
Ich parkte das Auto in einer Nebenstraße, so, dass ich die Eingangstüre sehen konnte.
Nach langem Warten sah ich ihn zurückkommen - in Begleitung einer Frau. Er schloss auf, sie gingen zusammen hinein, in zweien der Räume wurde Licht angemacht...
Irgendwie war ich gegen Schmerz an diesem Tag schon immun – ich ließ den Motor an, fuhr völlig mechanisch nach Esslingen, stellte fest, dass Judith wie ein Engel schlief, mein Sohn aber auch um ein Uhr nachts noch nicht zu Hause war, fragte mich resigniert, was mir eigentlich noch alles zugemutet werden würde, nahm ein Schlafmittel und ging zu Bett.
Mi-hu legte sich in den Korb, in dem sie sechs Jahre lang zusammen mit ihrer Mutter geschlafen hatte, drehte sich dann jedoch unruhig hin und her – und schlief fortan am Fußende in meinem Bett...

Abstand gewinnen – einfach weg!
Die Herbstferien nahten.
Ich rief meinen Mann an, teilte ihm kurz die traurige Nachricht mit, erwähnte mit keinem Wort das Ulmer Schreckens-Erlebnis, bat ihn, ein Wochenende zu den Kindern zu kommen – Mama käme dann werktags. Er kam schon Freitag vormittags, sagte einige mitfühlende Worte, fuhr mich zum Flughafen und meinte, trotz allem sehe ich sehr hübsch und chic aus!

Ich flog nach Venedig, fuhr mit der Bahn nach Montegrotto, wo mir im Sommer die Kur so gut bekommen war und traf dort zufällig einige der netten Menschen wieder, mit denen ich mich damals angefreundet hatte. Unter diesen Bekannten war auch ein "älterer Schweizer Herr mit seinem sechsjährigen Enkel" gewesen – zumindest hatten wir das damals zuerst in dieser Konstellation vermutet.
Als ich eines Nachmittags lesend auf der Liegewiese saß, hatte mich plötzlich ein Ball getroffen. Der bewusste, kleine Junge näherte sich verlegen, entschuldigte sich in Schweizerdeutsch. "Niemand spielt mit mir!" sagte er traurig, als ich ihm den Ball zurückgab. "Könntest du nicht ein wenig mit mir spielen? Die anderen Gäste sind alle viel zu alt!" Nach so einem Kompliment aus Kindermund gab ich mir alle Mühe, ihn nicht zu enttäuschen und wir hatten viel Spaß bei den Spielen, die er sich ausdachte.
Abends, als man in größerer Runde in der Halle saß, lehnte er sich in den üppigen Polstern an mich.
Einmal drückte er mich plötzlich heftig und fragte dann "Willsch du nit mi's Mami sei?"
"Aber, Philip, du hast doch eine Mami – und die wäre sehr traurig, wenn sie wüsste, dass du dir nach ein paar Tagen mit dem Opa gleich eine Ersatz-Mami suchst!"
"Das ist nicht mein Opa – das ist mein Papa. Und außerdem leben wir getrennt, und die Mami hat den Papi gar nicht mehr lieb!"
Kurz darauf stand der "Opa-Papa" auf, entschuldigte sich dafür, dass sein Sohn mich so in Anspruch nehme – er werde ihn zu Bett bringen.
Aber Philip bestand darauf, von mir ins Bett gebracht zu werden.

Das tat ich dann jeden weiteren Abend, beobachtete gerührt, wie er mit glücklichem Lächeln einschlief, nachdem ich ihm noch ein Lied gesungen hatte.
Sein Papa war etwas peinlich berührt, wollte mir danken und lud mich daher zwei Mal zu Ausflügen nach Venedig und in die Euganeischen Hügel ein.
Nach dem zweiten küsste er mir – ganz Kavalier alter Schule – die Hand, meinte, sein Sohn habe eine gute Wahl getroffen. Er finde mich einfach wunderbar und wäre sehr froh, wenn wir uns auch nach der Kur ab und zu sehen könnten.
Nun – wir hatten uns im Spätsommer und Herbst tatsächlich einige Male getroffen, wenn ich an meinen einsamen Wochenenden an den Zürichsee gefahren war. Einmal holte er mich auch mit Philip zusammen ab, zeigte mir das Anwesen im Berner Oberland, wo er mit seinen erwachsenen Töchtern wohnte.
Der ganze Hügel, auf dem das villenartige Haus stand, gehörte – inklusive einem Pacht-Bauernhof – zu seinem Besitz.
Voller Neid beobachtete ich die herzliche Vertrautheit, die zwischen diesem Vater und seinen drei so verschiedenen Kindern herrschte. Ob so ein Verhältnis für meine Familie ein Traum bleiben würde?

Als mich nun Jean und der kleine Philip in Montegrotto überraschend und voller Freude empfingen, wurde mir ganz warm ums Herz. Bei Radtouren mit den beiden (Philip hatte gerade ein knallrotes Kinderfahrrad bekommen) schaffte ich es tatsächlich, all das zu vergessen, was mich in den letzten Wochen belastet hatte.
Eines Abends vertraute ich Jean die ganze, schreckliche Situation an, in der ich mich befand.

"Lass mich dir einen Teil dieser Verantwortung abnehmen!" sagte er. Er habe zwei erwachsene Kinder und könne gut noch einen 17-jährigen Sohn und eine 15-jährige Tochter vertragen. Und Philip würde sich freuen.
"Trenn dich von diesem Mann, bevor er dich vollends kaputtmacht! Ich liebe dich – aber ich kann warten. Ich verspreche dir, ich werde dich nicht drängen – für mich, und natürlich für Philip, wäre es einfach schön, dich bei uns zu haben:"
Wann hatte ich in meinem Leben eine so selbstlose Liebe erfahren dürfen?
Ein weiteres, mit Jean befreundetes Ehepaar, das ich schon vom Sommer her kannte, lud ihn, Philip und mich ein, für einige Tage mit in ihr Ferienhaus in der Toscana zu kommen. Jean drängte mich, meinen Rückflug umzubuchen und mir diese Tage zu gönnen – er würde mich dann rechtzeitig nach Zürich bringen...
Ich rief in Ulm und Esslingen an, erreichte niemanden und fuhr mit in die Toscana.
Ein glücklicher Abend auf einer Terrasse mit herrlichem Blick, ein seliger Philip, der mit mir zusammen eines der Gästezimmer bezogen hatte, wundervolles Einverständnis mit Menschen, die meine Auffassung vom Leben teilten.
Am nächsten Morgen – ein Frühstück bei herrlichstem Sonnenschein, Anfang November, Ausblicke in eine sanfte Landschaft voller buntgefärbter Weinberge, dunklen Zypressen-Reihen.
Ich rief erneut in Esslingen an, es war der Samstag, an dem ich eigentlich zurückfliegen hätte sollen.
"Was, wo bist du? Na, toll, hier geht alles drunter und drüber, und Madame sitzt in der Toscana in der Sonne! Dein Sohn ist jetzt vollends ausgerastet – er musste partout

wegen einem Mädchen nach Limburg fahren und hatte auf der Autobahn einen Unfall. Er liegt dort im Krankenhaus."
"Oh Gott!"
Nein, es bestehe keine Lebensgefahr – er sei gut versorgt in dieser Klinik.
Jean überlegte nicht lange.
"Ich fahre dich selbstverständlich sofort zurück."
Zehn Stunden später stand ich meinem Mann gegenüber, der mich hasserfüllt anblickte, mir die Schuld an diesem missratenen Sohn gab und dann wutentbrannt davon stürmte mit den Worten "ich muss mich um meine Praxis kümmern, sonst geht außer der Familie auch meine Existenz den Bach runter!"
Eine Zeit der Verzweiflung begann.
Matthias war wirklich in einer schwierigen Phase, ließ sich auch von mir nichts sagen, war öfters betrunken und kam oft spät oder gar nicht nach Hause.
Mit all dem war ich allein.
Die einzigen Lichtblicke waren die Telefonate mit Jean, der mich beschwor, zu ihm zu kommen. Er sei sicher, dass die Kinder in einer neuen Umgebung, unter seiner Obhut, eine Chance hätten.

Heilig Abend kam mein Mann nachmittags. Zu dritt (Matthias war nicht da) versuchten wir, zu feiern, als ob nichts wäre.
Als Judith ins Bett gegangen war, verlangte ich eine Unterredung.
Ich war in unglaublicher Anspannung, fiel gleich mit der Tür ins Haus, schleuderte ihm meine ganze Verzweiflung und Wut entgegen: über seine erneute Untreue, die ich am Abend nach Jou-Jous Tod mit eigenen Augen gesehen

habe, über die Tatsache, dass ich immer und überall mit allen Sorgen allein sei, dass unsere Ehe nur noch auf dem Papier existiere, und dass er als Vater ein totaler Versager sei. Ich hätte in letzter Zeit feststellen können, was ein wirklicher Vater sei...
Er wurde dann genauso ausfallend, unterstellte mir, ich habe ja wohl mit diesem Schweizer auch längst ein Verhältnis.
"Hätte ich's nur!" schrie ich – "dann ginge es mir sicher besser!" Ich schnappte nach Luft, dann überfiel mich ein regelrechter Weinkrampf, ich rannte in dem dünnen Kleid, das ich ihm zuliebe angezogen hatte, vor die Tür, setzte mich auf die eiskalten Treppenstufen. Von der Glasballonlampe über mir tropfte geschmolzener Schnee auf meine Schultern, lief mir den Rücken hinunter. Ich zitterte vor Kälte und Verzweiflung. Eine Szene aus meiner Kindheit fiel mir ein, als ich erfrieren wollte, um Papa für seine Strenge zu bestrafen.
War ich denn noch genauso kindisch wie damals? Nein, kindisch vielleicht nicht – aber dümmer, viel dümmer! Würde ich sonst aus der Tatsache, dass er mich hier in der Kälte sitzen ließ, sich überhaupt nicht um mich sorgt, nicht die richtigen Schlüsse ziehen?
Kurze Zeit später kam er dann doch heraus, legte mir eine Strickjacke um meine bebenden Schultern, sagte, ich solle hereinkommen, das bringe doch nichts...
Widerspruchslos schluckte ich das Beruhigungsmittel, das er mir gab.
"Lass uns vernünftig miteinander reden."
"Wenn du meinst, dass das unter diesen Umständen möglich ist, bitte!"
"Ich weiß, ich habe wieder einen Fehler gemacht. Ich mache anscheinend überhaupt nur Fehler. Aber ich kann

hier einfach nicht sein – ich muss hier immer ein schlechtes Gewissen haben. In Ulm hab ich das nicht."
"Das ist deine übliche, doppelte Moral! Du weißt genau, dass du Verantwortung für diese Familie mit übernehmen müsstest, deshalb hast du ein schlechtes Gewissen!"
"Du hast doch in den letzten Jahren alles an dich gerissen, hast mir die Gütertrennung aufgebrummt, mich nichts mehr entscheiden lassen!"
"Waaaas? Wer hat denn alleine entschieden, den Betrieb, das Haus zu verkaufen, die Praxis in Wildbad zu kaufen, wieder aufzulösen, wer hat denn die ganze Familie in den Schwarzwald geholt und sie dann dort kalt lächelnd im Schnee stehen lassen? Wer hat denn, ohne mich zu fragen, sich nach Ulm verzogen und sich um das, was aus der Familie wird, nicht mehr gekümmert?"
"So kommen wir nicht weiter."
"Allerdings – ich glaube, dass es für uns beide eh kein Weiterkommen mehr gibt."
"Bitte, lass uns in Ruhe nochmal drüber reden, wenn ich zurückkomme. Ich habe leider für die nächsten Tage ein Hotel gebucht und auch schon Karten fürs Theater und für ein Ballett."
"Aha – Theater, Ballett! Wer hat dir denn plötzlich das nahegebracht? Mit mir warst du noch nie bei sowas!"
"Ich habe eben meine Einstellung zu Kultur und auch zum Familienleben geändert, auch wenn's momentan nicht so aussieht. Du musst eben noch etwas Geduld haben."
"Geduld?" ich kam trotz des Sedativums immer noch mehr in Rage.
"Geduld hatte ich weiß Gott schon lange genug. Nein, ich werde nicht noch einmal geduldig warten, bis du irgend so eine Tussi satt hast – eher lasse ich mich scheiden!"

Er sah mich erstaunt an. Dann verengten sich seine Augen zu gefährlich schmalen Schlitzen, aus denen er mich kalt und drohend fixierte.
"Bevor ich mich scheiden lasse, bringe ich dich um!"
Fassungslos vor Entsetzen rannte ich in mein Schlafzimmer, schloss mich ein, hörte ihn bald darauf wegfahren.
Am ersten Weihnachtstag kamen wie immer meine Eltern zu Besuch, machten sich mit mir Sorgen, weil Matthias nicht da war, beschenkten Judith üppig und sahen mir sofort an, dass etwas Schlimmes passiert sein musste.
Ich erzählte ihnen alles. Papa sagte ernst, er hätte ja schon vor elf Jahren akzeptiert, dass ich mich scheiden lasse – jetzt aber würde er mich dringend bitten, nicht mehr lange damit zu warten.
Wenn ich Angst hätte, solle ich mit Judith einige Zeit zu ihnen kommen – für Matthias würde sich sicher auch eine Lösung finden.
Abends rief ich Jean an. Er war außer sich vor Sorge, befahl mir, sofort in ein Hotel zu gehen, er komme gleich am nächsten Morgen, um mich und Judith zu sich zu holen.
Ich wehrte mich nicht mehr, sondern fuhr mit ihm.
Wo Matthias war, wusste ich inzwischen – und obwohl ich ganz und gar nicht einverstanden war, dass er dort blieb, musste ich es akzeptieren. Hatte ich meinen Sohn nun auch noch verloren?

Wir blieben einige Tage in dem wunderschönen Haus am Berg. Mit den beiden Töchtern verstand sich Judith schnell – Philip war förmlich verliebt in sie. Und durch diese plötzlich so zahlreiche Familie fegte glücklich mein kleiner Hund...

An Silvester, als Jean und ich nach einer fröhlichen Feier und einem herrlichen Essen, das er von einem guten Restaurant hatte bringen lassen, noch alleine vor dem Kamin saßen, küsste er mich zum ersten Mal richtig – und ich war überrascht von seiner Leidenschaft, hatte ich doch immer geglaubt, bei den "älteren" Menschen laufe das alles in viel ruhigeren Bahnen ab.
"Ich wünsche mir von Herzen, dass du meine Frau wirst, sobald du geschieden bist," sagte er sehr ernst und drückte mich so fest, dass es weh tat, an sich.
Am 2. Januar fuhr er uns nach Hause, denn Judith hatte einen Skiurlaub mit einer Jugendgruppe gebucht.
Nein, er werde mich auf keinen Fall alleine lassen, sagte Jean und nahm sich ein Hotelzimmer in Esslingen. Am nächsten Morgen holte er uns sehr früh ab, meinte, das Beste wäre, wenn ich den Hund und meinen Koffer auch gleich wieder mitnähme. Wir brachten Judith zu ihrem Bus. Danach fuhr er zur Autobahn, verließ diese am Flughafen.
"Wo fährst du denn hin?"
"Ich habe uns einen Kurztrip nach Paris gebucht – mein Freund Francois will dich unbedingt kennen lernen – wir werden auch bei ihm wohnen!"
"Ja, aber..."
"Kein Aber."
"Und der Hund?"
"Auch kein Problem – bis sechs Kilo darf er mit an Bord – und die wasserdichte Tasche, die verlangt wird, liegt im Kofferraum!"
Zwei Stunden später saßen wir im Flugzeug.
Träumte ich? Nein, wenn einer träumte, war's die kleine Mihu, die – als wär's nichts Besonderes – in der Tasche auf meinem Schoß schnarchte.

Zwei Tage voller positiver Erlebnisse und Begegnungen – und immer die liebevollen Blicke Jeans, der stolz war, wenn ich mit seinen Freunden ohne Mühe französisch redete. Blicke, die so voller Zuneigung, voller Intensität waren. Nein – noch nie war ich so geliebt worden.
Und dennoch fehlte mir der Mut, mich fallen zu lassen in die Sicherheit, die mir dieser Mann bot.
Das Haus in Esslingen war mir in den knapp zwei Jahren eine echte Heimat geworden, von einem Leben in dieser alten, malerischen Stadt hatte ich seit Kindertagen geträumt – nein, das konnte ich nicht aufgeben.
Einmal besprach ich meine Zweifel mit Judith. Sie war förmlich empört über mein Ansinnen, lehnte einen Ortswechsel – und dann noch ins Ausland (!) kategorisch ab. Sie war 16 und heftig verliebt, verbrachte viel Zeit mit den netten, verantwortungsvollen Eltern ihres Freundes. "Du kannst ja in die Schweiz gehen – ich bleibe hier, Mike's Familie nimmt mich sicher auf!"
Und Matthias, mein bald volljähriges "Sorgenkind"? Nicht daran zu denken, dass er mitgehen würde – obwohl gerade für ihn ein unbelasteter Neuanfang, weit entfernt von schädlichen Einflüssen, das Beste gewesen wäre.

Matthias' 18. Geburtstag war es dann auch, der alle meine Überlegungen relativierte...
Er hatte – nach vielen Schulproblemen – eine hervorragende Mittlere Reife abgelegt, mir zerknirscht und mit echter, tätiger Reue gesagt, er habe seine Fehler eingesehen, es tue ihm sehr leid, dass er mir so viele Sorgen bereitet habe.
Er wisse, dass er auf die falschen Freunde gesetzt habe und wolle nun auf meinen Rat hören und einen ordentlichen Beruf lernen.

An diesem Geburtstag, den wir mit meinen Eltern feierten, kam dann unerwartet mein Mann, überreichte Matthias ein größeres Geldgeschenk und einen Gutschein, auf dem er die ganze Familie zu einem Wochenende in Augsburg und München einlud.
Da ich den Eindruck hatte, dass die Kinder sich freuten, wollte ich kein Spielverderber sein.
Das Wochenende wurde harmonisch, unterhaltsam, erlebnisreich – kurz, wir waren als Familie wohl seit zehn Jahren nicht mehr in so positiver Weise zusammen gewesen.
Und während die Kinder sich in der Hoteldisco vergnügten, sagte er mir, es tue ihm alles so leid, was er gesagt habe, womit er mir gedroht habe.
Ihm sei in den letzten Monaten klar geworden, dass er nur mich liebe, dass er ohne mich nicht leben wolle und könne. Mit dieser Frau in Ulm verbinde ihn nur noch berufliche Freundschaft – Liebe sei das nie gewesen.
Er war von einer derart behutsamen Zärtlichkeit, wie ich sie bei ihm noch nie erlebt hatte.
"Mein größter Wunsch ist, dass du wieder Vertrauen zu mir bekommst – und dass du mir glaubst, dass ich dir nie, gar nie etwas antun könnte!"
Wieder zu Hause, versprach er, in unserer Ehe wieder mehr auf Gemeinsamkeiten zu achten. Die Kinder seien ja groß, bräuchten keine ständige Aufsicht mehr – wir könnten uns endlich Zeit füreinander nehmen.
"Wenn du nächstes Wochenende mit mir an den Bodensee kommst, habe ich ein paar schöne Überraschungen für dich!"

Ich rief Jean an, bat ihn, nach Zürich zu kommen.
Bei ihm, dort, in dem stilvollen, anheimelnden Haus auf

dem Berg, den er mir hatte zu Füßen legen wollen, hätte ich nicht die richtigen Worte gefunden.
Er kam – und ich musste nicht viele Worte machen.
"Du hast dich wider besseres Wissen für deinen Mann, für deine Kinder entschieden!?"
"Ja," sagte ich kleinlaut.
"Es wird nicht gut gehen. Es kann nicht gut gehen – er ist ein Teufel!"
Zwei Monate später schrieb mir seine älteste Tochter, er leide entsetzlich, habe alle Lebenskraft verloren – und nun sei er auch noch ins Spital eingeliefert worden.
Besorgt fuhr ich hin, erfuhr, dass er einen Tumor an der Speiseröhre habe und dringend operiert werden sollte.
"Wozu soll ich mich operieren lassen? Ich sehe doch nirgends mehr Licht in meinem Leben!"
"Sag das nicht. Du hast drei wundervolle Kinder, die ein Recht darauf haben, mit einem Vater, wie du es bist, noch viele Jahre glücklich zu sein!"
"Glücklich? Was ist das? Bist du's?"
"Nein. Mit dir hätte ich's werden können, ich weiß."
"Kannst du immer noch."
War es meine eigene Sehnsucht oder war es Mitleid, die mich sagen ließ:
"Wer weiß – wenn Judith auch volljährig ist, wird sich vielleicht manches ändern."
"In zwanzig Monaten, wenn ich richtig rechne. Das ist eigentlich gar nicht mehr so lange..."
Musste ich mir Vorwürfe machen, ihm Hoffnung gemacht zu haben?
Ich glaube nicht. Er ließ sich operieren, lernte einige Zeit später während eines Erholungsurlaubs eine Frau kennen, die das krasse Gegenteil von mir war, die ihn bevormundete, die nicht zuließ, dass er Erinnerungen nachhing.

Neun Jahre später – ich war wieder einmal in dem Hotel in Montegrotto zur Kur, in dem wir uns zehn Jahre zuvor kennen gelernt hatten – öffnete sich dort vor mir die Lifttür und er kam heraus.
Im weißen Fangomantel mit Kapuze, total verschwitzt, sah er sehr hager und leidend aus.
Er nahm meine beiden Hände in seine noch erhitzten, zog mich an sich und atmete heftig.
"Oh mein Gott – und ich dachte, es ist vorbei!"
Am nächsten Morgen, als ich mit meinem Hund in den Hotelpark ging, sah ich ihn und seine Begleiterin abreisen.
Ich gebe zu, es tat sehr weh.
Ich habe ihn nie wieder gesehen.
Von seinem Tod zwei Jahre später erfuhr ich über seine geschiedene Frau, die Mutter seiner Kinder, die ihm wohl in der letzten Krankheitszeit wieder näher gekommen war und der er unsere unglückliche Geschichte erzählt hatte.

## Steh-auf-Liebe

Wir versuchten also, unsere Ehe fortzusetzen.
Die Überraschung, die er für mich hatte, war eine Ferienwohnung, die er in Hagnau, dem Ruhepol unserer Hochzeitsreise, gemietet hatte.
Er würde auch den Segelschein machen, stellte mir den Besitzer der Segelschule und dessen Frau vor – mit denen sich eine nette Freundschaft entwickelte.
Seit Jahren konnte ich zum ersten Mal sorglose Tage verbringen, denn die Kinder wusste ich gut untergebracht:

Matthias war im Internat der Hotelfachschule in Bad Reichenhall und glücklich über diese Chance eines Neubeginns.
Judith verbrachte die Wochenenden mit den bereits erwähnten Eltern ihres Freundes, die sie wie eine Tochter überall hin mitnahmen.
Wochentags jedoch, alleine in Esslingen, überfielen mich oft Ängste. Vor allem finanzieller Art. Mit dem Ziel, den Kindern jeweils eine separate, kleine Wohnung zu bieten, hatte ich um- und anbauen lassen. Wilfried wollte ich – in falschem Stolz – nicht um Geld bitten.
Zusammen mit einer Pelznäherin gründete ich im Erdgeschoss des Hauses einen Secondhand-Pelz-Shop, das "Pelzle", dessen Konzeption sogar Pelzgegnern einleuchtete. Es wurde schnell recht erfolgreich und half mir ein wenig zusätzlich über die Runden.
Mein Mann eröffnete eine Zweigpraxis in Laupheim und mietete eine kleine Wohnung in einem Barockschloss, etwa in der Mitte zwischen seinen Praxisorten gelegen.
Eine wirklich stilvolle Idylle, mit ebenso stilvollen, gebildeten Menschen in den Nachbarwohnungen des niederen Schlosstraktes. Und mit einem schillernd-exotischen Baron, der immer mal wieder Teile seiner Latifundien verkaufte, um leben – und vor allem, um feiern zu können. Illustre Kreise trafen sich oft bei ihm – vor einigen Jahren sei sogar Soraya mal da gewesen. Für dieses Fest wurde damals ein Stück Wald verkauft, das die Bevölkerung bis heute das "Soraya-Wäldle" nennt.
Als der Bodensee-Sommer zu Ende ging, begann also der Schlossherbst und –winter. Geruhsame Teestunden, lange Spaziergänge mit dem Hund, unterhaltsame Abende in der Dorfgaststätte mit neuen Freunden füllten die gemeinsamen Tage aus.

Ich war relativ zufrieden mit dieser Art von Wochenend-Ehe, hatte auch den Eindruck, dass mein Mann endlich ruhiger geworden sei.
Im Sommer 82 wurde hier sein v ierzigster Geburtstag gefeiert – ein opulentes Fest mit vielen neuen und alten Freunden, Bekannten und Verwandten.
"Man muss nur lange genug warten," sagte meine Freundin Ursel, die ja alle Stationen unseres bewegten Ehelebens kannte, "mit vierzig wird der Schwabe gscheit!"
Quod erat demonstrandum...

Zwei Jahre lang ging dieses System ganz gut.
In der Schule war mir eine interessante Herausforderung geboten worden: unsere Realschule hatte als einzige im württembergischen Landesteil einen Schulversuch mit Französisch als erster Fremdsprache genehmigt bekommen. Der Schulleiter, der mich mit Familie schon im Häusle in Frankreich besucht hatte und um meine sprachlichen Fähigkeiten wusste, fragte mich, ob ich das nicht übernehmen wolle.
Natürlich wollte ich – aber, was waren die Bedingungen? Zwei Monate "tätige Hospitation an einem französischen Collège, ein ausführlicher Bericht darüber und zwei Schau-Unterrichtsstunden in Stuttgarter Schulen.
Nun, all das würde mir keine Probleme bereiten.
Judith war inzwischen 18 und ging – nach temporären Unlustanfällen – zielstrebig auf das Abitur zu. Matthias machte, nachdem er die Hotelfachschule mit allerbestem Zeugnis abgeschlossen hatte, eine Lehre in einem Ulmer Nobelhotel und wohnte in den vom Vater seit Anmietung der Schlosswohnung nicht mehr benötigten Praxisräumen.

Meinen kleinen Hund würde ich auf jeden Fall mitnehmen – und mein Mann? Seine Entzugserscheinungen würden sich sicher in Grenzen halten...
Die Hospitation in einem kleinen Städtchen im Zentralmassiv von Mitte Oktober bis Dezember wurde für mich eine wertvolle berufliche und menschliche Erfahrung.
Als ich nach Hause kam, hatte mein Mann die Zweigpraxis geschlossen, sie habe sich nicht rentiert. Und er trage sich mit dem Gedanken, auch Ulm zu verkaufen – eigentlich könne er keine Kranken mehr sehen.
Noch einige Zeit konnte ich ihn davon abhalten – dann wollte er nicht mehr. Er verdiene genug bei seiner Kurs- und Kongresstätigkeit. Außerdem habe er eine tolle, neue Geschäftsidee...
Die Praxis wurde verkauft.
Bald darauf kündigte er auch die Schlosswohnung, wollte wieder "ganz zu mir" kommen.
Ich wusste nicht, wie mir geschah.
Eigentlich hatte ich in den vielen Jahren das Alleinsein schätzen gelernt. Ohne Gewissensbisse konnte ich in Konzerte, zu Vorträgen gehen, Freunde besuchen, meine Unterrichtsvorbereitungen zur Not auch erst mitten in der Nacht machen... Und vor allem – auch bei der mir lästigen Hausarbeit manchmal "Fünfe grad sein lassen"...
Nun war wieder ein Mann zu Hause, wollte bekocht und mit gebügelter Wäsche versorgt werden.
Außerdem hatte er sehr wenig zu tun, denn die wirklich gute Geschäftsidee stellte sich leider als am Markt nicht durchsetzbar heraus.
Schließlich eröffnete er im vom "Pelzle" geräumten Parterre des Hauses eine Praxis und kurze Zeit später eine zweite in Kornwestheim. Beide wurden jedoch absolut kein Erfolg.

Er wurde gereizt und ungerecht – ich, die ich im Beruf viel zu tun hatte, auch.
Natürlich verstand ich, dass ihn seine momentane Erfolglosigkeit bedrückte. Er hatte all die Jahre einen Kokon von Wohlstand um sich gesponnen, fuhr immer noch ein großes Auto, lud immer noch großzügig seine Kneipenfreunde ein, rauchte Havanna-Zigarren, machte teure Kurzreisen...
Ihm war wohl klar, dass auf diese Weise seine finanziellen Reserven ziemlich schnell schrumpfen würden.
Und manchmal kam ihm dann vielleicht der Gedanke, wer er dann sein würde. Ein Mann, der im Haus seiner Frau lebt, der auf die falschen Pferde gesetzt hatte, dessen einst stetiger Aufwärtsweg inzwischen merklich den Zenit überschritten und nur noch abwärts ging. Und ich denke, manchmal war er auch voller Neid auf seine Frau, die in "weiser Voraussicht", trotz aller Widrigkeiten, ihr Studium beendet, konsequent ihren Beruf ausgeübt hatte. Und die nach der Gütertrennung alles Erarbeitete und Ersparte in Bleibendes umgewandelt hatte. Außerdem tat es seiner Selbstachtung wohl nicht gut, dass er bei mir fast zum Nulltarif wohnte und täglich daran erinnert wurde, wie wenig er zum Gedeihen dieser Familie beigetragen hatte. Er war nie sehr mitteilsam gewesen – nun wurde er total verschlossen und brütete oft stundenlang vor sich hin.
Reden wollte er nicht mit mir – er schlief in einem anderen Zimmer, hatte dort alles, was er brauchte und igelte sich ein – von immer noch regelmäßigen Kneipenabenden abgesehen.
In diesem Herbst hatte ich viel zu tun – meine neue Aufgabe in der Schule begeisterte und forderte mich – ich hatte also wenig Zeit, mir Sorgen zu machen.

Ein Weg ins Licht

# Ein Weg ins Licht

Mein Vater hatte, wie ich schon in der "Kindheit" erwähnte, ein gestörtes Verhältnis zu Ärzten, Spritzen, medizinischen Apparaturen. Alles wurde eigentlich immer mit Haus- und Naturheilmitteln behandelt. Einige Zähne zog er sich mit der "Hau-ruck-Methode" mittels einer Tür, die zugeschlagen wurde (schreckliche Vorstellung!), selbst. Nun jedoch – als gutaussehender Mann war er eben auch ein bißchen eitel – war eine Totalsanierung der Zähne unumgänglich.
Eine monatelange Leidenszeit in der Zahnarztpraxis begann. Mutti beklagte sich am Telefon, er sei unleidlich, esse nur noch Brei und Kompott oder Kartoffelpüree mit Soße.
Da ich für die Herbstferien wieder einmal eine Fango-Kur genehmigt bekommen hatte, bot ich ihr an, mitzufahren. Papa sagte, es sei ihm ganz recht, wenn er zehn Tage seine Ruhe habe.
Wir beide fuhren also zur Kur, erholten uns wunderbar.
Als ich meine Mutter danach nach Glems brachte, zeigte mir mein Vater stolz seine neuen, makellosen Zahnreihen. "Ich bin richtig stolz auf meinen blendend aussehenden Papa," sagte ich und versuchte, mein Erschrecken zu verbergen. Er hatte schrecklich abgenommen, sah eigentlich richtig fahl aus im Gesicht.
Als Mama wieder zur Normalküche zurückkehrte und die beiden auch wieder – nach langer Zahnpause – in ihre Lieblingsrestaurants zum Forellen-Essen gingen, bekam

Papa jedoch oft Bauchschmerzen, ja, richtige Krämpfe. Er nahm weiter ab.
Mama überredete ihn, zum Arzt zu gehen – und er ging zu dem alten Hausarzt aus Wendlinger Zeit, bei dem er seit vielen Jahren nicht mehr gewesen war. Nach kurzer Untersuchung überwies dieser ihn zur weiteren Diagnostizierung ans Katharinen-Hospital in Stuttgart. Papa, der ja unter einer Klinikphobie litt, war nach der Computer-Tomographie völlig erledigt, erbrach sich nach Einnahme des Kontrastmittels tagelang. Dann erklärte er uns – jetzt sei's genug – er werde zu seiner bewährten Selbst-Heilmethode zurückkehren.
In den ersten Januartagen 85 bestellte der Hausarzt Mutti, meine Schwester und mich zu sich. Er hatte inzwischen die Befunde der Untersuchungen bekommen. Er wisse nicht, wie er es uns sagen solle – aber Papa habe Krebs in sehr fortgeschrittenem Stadium. Magen und Leber seien wohl immer schon – seit der Kriegsgefangenschaft – angeschlagen gewesen, nun sei sowohl die Leber, als auch die Bauchspeicheldrüse von Tumoren befallen.
"Aber, man kann doch operieren?" fragte ich bange.
"Leider nein, es ist zu weit fortgeschritten. Und Ihr Vater würde einer Operation auch gar nicht zustimmen. Ich habe versucht, ihm klarzumachen, was ihm fehlt – aber er hat es einfach nicht in voller Tragweite zur Kenntnis genommen, ist überzeugt, dass er die Probleme mit naturgemäßer Ernährung in den Griff bekommt."
"Aber, *wir* können es ihm doch nicht sagen!" meinte meine Schwester erschrocken.
"Nein, das würde ich auch nicht raten. Wir sollten nicht riskieren, dass er sich aufgibt, dass er die Hoffnung verliert – sie gibt ihm vielleicht die Chance, einige Monate länger zu leben."

"Monate?" fragten wir alle drei entsetzt.
"Ja – wenn kein Wunder geschieht."
"Wunder gibt es immer wieder – so banal das auch klingt," sagte ich ihm Gehen.
"Sie alle drei können ihm jetzt mehr helfen als ich – nur braucht er bald einen Arzt in seiner Nähe!"
"Gott sei Dank," meinte Mama – "wir haben einen fähigen, jungen Doktor in der Nachbarschaft."
Diesem Kollegen übergab er Papas Behandlung nach reiflicher Beratung – und es wurde eine Medikamentierung ausgearbeitet, die ihn relativ schmerzfrei stellen würde.
Mehrmals am Tag nahm Papa kleine, leichte Mahlzeiten zu sich und erzählte mir Anfang Februar glücklich und triumphierend, er habe zugenommen, seine Methode sei halt doch die Beste...
Zu Matthias' Geburtstag Mitte März ließ er sich's nicht nehmen, Mutti und mich an den Bodensee zu chauffieren, wo unser Sohn inzwischen im Insel-Hotel arbeitete.
Da meine häusliche Situation gerade alles andere als erfreulich war, konnte ich es Papa leicht erklären, warum ich so oft zu Besuch kam. Wir machten wie früher Spaziergänge – nur kurze zwar, aber genauso "tiefgründige". Ich fuhr mit ihm an seinen See, wir saßen dort, sahen die Forellen springen und ich erzählte ihm von den Erfolgen mit meinen Französisch-Kindern, las ihm neue Gedichte vor und bat ihn um seine Meinung.
Auch einen Tag, bevor ich in die Osterferien nach Frankreich fuhr, war ich bei ihm und er gab mir Ratschläge, was ich am Häusle, das er kannte und liebte, noch machen lassen müsse. Er hätte mir ja gerne dabei geholfen – aber Bauarbeiten könne er sich wohl in Zukunft abschminken.
Wir lachten über einige skurrile Erlebnisse, die wir dort

gemeinsam hatten – er war bester Stimmung, sein Gesicht hatte von der Frühlingssonne etwas Farbe bekommen – und ich fuhr in Ferien mit der vagen Hoffnung, es würde doch noch ein Wunder geschehen.

*Papa kann immer noch lachen*

Elf Tage danach sah ich ihn wieder, war zutiefst entsetzt über die Veränderung, die mit ihm vor sich gegangen war: völlig ausgemergelt saß er zusammengesunken in einer Sofaecke, lächelte schwach, als ich ihn begrüßte.
"Was ist passiert?" fragte ich Mutti in der Küche.
"Nichts ist passiert. Ich konnte ihm nur nicht mehr dieses Theater von Hoffnung vorspielen und habe ihm gesagt, wie's um ihn steht. Wir schauen jetzt jeden Abend Fotoalben an, damit er die schönen Erinnerungen mitnehmen kann!"
"Wie konntest du nur, Mama!"
"Wir glauben schließlich an den Herrgott – dein Vater ganz besonders. Und der hat ihm diese Krankheit

geschickt. Als rechter Christ nimmt er sie als gottgewollt an und kann seine restliche Zeit nun wirklich für sein Seelenheil verwenden."
Ich war fassungslos – war das unter "christlicher Nächstenliebe" zu verstehen?
"Bitte, Papa, gib nicht auf, kämpfe! Vielleicht will der liebe Gott auch nur einfach, dass du kämpfst. Denk an das Buch Hiob! Auch dem hat er unerträgliche Leiden geschickt, aber ihn letztendlich doch nicht fallen lassen – du hast mir so oft, wenn ich verzweifelt war, dieses Beispiel genannt!"
Er strich mir über die Wangen, sagte, er mache sich Sorgen um mich – weil ich's so schwer habe im Leben.
"Siehst du, Papa, ich brauche dich! Zuhause bin ich so unglücklich – hier, wenn ich mit dir reden kann, mit dir die Natur genießen kann, die jetzt grade erwacht, da fühle ich mich wohl!"
"Du bist stark, du bist jung genug, um zu kämpfen. Du musst vor allem weiter schreiben, damit kannst du vieles verarbeiten. Und dann liest du mir's halt immer vor!"
Und vielleicht könnte ich ja seine Theaterstücke vermarkten, um wenigstens eine kleine, finanzielle Hilfe von ihm zu haben. Und dann sagte er etwas, was mich wirklich bestürzte in seiner Härte:
"Mach zu Geld, was du kannst – und genieß dein Leben!"

Kurz darauf erscheint ein Artikel mit großem Foto in der Esslinger Zeitung, in dem sehr lobend über meine Französisch-Klasse berichtet wird.
Lange betrachtet er das Foto, liest den Artikel.
"Du wirst deinen Weg machen! Bist halt doch meine Große!"
Tränenüberströmt mache ich mich auf den Heimweg,

komme in die "zweigeteilte" Wohnung, kann mit niemandem über meinen Schmerz reden.
Ich zweifle an allem: an Gott, an der Welt, an den Menschen, an mir – und vor allem an meiner Mutter. Es gab nie ein inniges Verhältnis zwischen uns – die Leser der "Kindheit" wissen es.
Aber, was ich nun, da ich sie öfter denn je erlebe, über sie erfahre, verstehe ich einfach nicht.
Sie liebte ihn doch – und er hat sie, von wenigen, kurzen "Streitintermezzi" abgesehen, ihr Leben lang auf Händen getragen, ihr das Gefühl vermittelt, dass sie die Schönste und Beste für ihn ist, ihr jeden erfüllbaren Wunsch von den Augen abgelesen, sie rührend umsorgt, wenn sie krank war.
Oder ist ihr Putzfimmel ihre ganz eigene Art der Schmerzbewältigung? Läuft sie die neuen, schwarzen Schuhe heimlich ein, um sich besser auf den Verlust vorzubereiten, ihn mit solchen Banalitäten instinktiv zu relativieren?
Himmelfahrt, Pfingsten.
Die Natur explodiert förmlich in Grün und Bunt.
Mein Vater wird immer schwächer.
Fronleichnam.
Papa, der bisher täglich aufstand, sich selbst ankleidete, sich für ein bis zwei Stunden in den Garten schleppte, dort in der Sonne oder im selbstgemauerten Freisitz saß, dem Plätschern des ebenfalls selbstgebauten Springbrunnens lauschte – Papa steht an diesem Donnerstag zum ersten Mal nicht mehr auf.
Mama ist erschöpft – die letzten Nächte seien schlimm gewesen. Der Arzt musste zweimal sogar nachts kommen und ein starkes Schmerzmittel spritzen. Die Dosis musste erneut erhöht werden.

Schreckliche Vorstellung: eben diese Mittel würden die Nieren bald so vergiften, dass... oh nein, nur nicht daran denken!
Meine Schwester und ich überlegen, wie wir Mutti entlasten können. Da ich Judith dabei habe und außerdem Freitag in die Schule muss, übernimmt meine Schwester die ersten beiden Nachtwachen, ich würde sie dann am Samstag für zwei Tage ablösen.Und nächste Woche sehen wir weiter...
Als ich am Samstag wieder komme, kann Papa nichts mehr essen, kaum noch Flüssiges schlucken.
Ein liebevolles Lächeln huscht über sein Gesicht, als ich ihn nach der Spritze abends in den Schlaf streichle.
Es ist eine neue Zärtlichkeit zwischen uns – eine, an die wir uns beide nie gewagt hatten. Nun versteht sie sich von selbst.
Meine Nachtwache verläuft sehr ruhig.
Am Morgen will ich helfen, als Mama ihn wäscht, merke, dass es Papa peinlich ist, gehe weinend hinaus.
Eigentlich, denke ich, habe ich meinen Vater noch nie nackt gesehen – das war ein unausgesprochenes Tabu in unserer Familie.
Das, was ich da eben sah, hat mich betroffen gemacht. Dieser Körper wirkte so gar nicht alt, dem Tode nahe, sondern fast knabenhaft mit dieser faltenlosen, gespannten Haut. Die intensive Gelbfärbung stört eigentlich gar nicht. Traurig stelle ich fest, dass ich mir nie der körperlichen Schönheit meines Vaters bewusst gewesen war. Gedanken an die Körperlichkeit in meiner eigenen Ehe drängen sich mir auf – war doch mein Mann in seinen schlanken Zeiten von fast derselben Gestalt, wie ich sie nun an meinem Vater sah - nur, der Körper meines Mannes war mir vertraut...

Unpassende Gedanken: wie sieht meine Mutter diesen Körper? Wie viel Körperlichkeit hat es überhaupt in ihrer Ehe gegeben? Ich habe nur mitbekommen, dass mein Vater sehr zärtlich mit ihr umging, oft den Arm um sie legte – aber das Maximum, was ich je gesehen hatte, war ein Kuss auf den Mund.
Als Papa frischgewaschen in seinen Kissen liegt und Durst hat, flöße ich ihm mit einem Teelöffel Saft ein – selber kann er den Löffel nicht mehr halten.
"Weißt du," sagt er plötzlich langsam, "bei dir hab ich mal einen exotischen Saft getrunken, der Geschmack liegt mir immer noch auf der Zunge, aber mir fällt der Name nicht mehr ein!"
"War es vielleicht Maracuja?"
"Ja, Maracuja. Maracuja, Maracuja – da wird es ganz hell über einer Südseeinsel!"
"Ich werde dir schnell welchen holen!"
In der Sonntagsdienst-Apotheke besorge ich den Südsee-Sonnensaft für Papa, muss mich beherrschen, in der Apotheke nicht zu weinen.
Papa lächelt glücklich, als er den Saft auf der Zunge schmeckt. "Ja, das ist es. Es wäre schön, mit diesem Geschmack auf der Zunge zu gehen!"
"Bitte, Papa, sag nicht sowas!"
Eigentlich ist er schon sehr erschöpft von dem, was er heute geredet hat – aber er muss mir noch ein Ringelnatz-Zitat mitgeben:
"Weißt du, Ringelnatz hat nicht nur Humoriges geschrieben – sondern auch sowas, wie:
*‚wenn ich tot bin, darfst du gar nicht trauern.*
*Meine Liebe wird mich überdauern,*
*und in fremden Kleidern dir begegnen*
*und dich segnen'."*

Die Spritze wirkt – ich sitze, da er's jetzt nicht mehr sieht, in Tränen aufgelöst da und halte seine Hand.
Stille.
Mama kommt herein.
"Was ist denn das?" sagt sie ungehalten, stellt fest, dass die Saftflasche einen gelb-orangefarbenen Rand auf der Tischdecke hinterlassen hat.
"Meine beste Tischdecke – was glaubst du, wie lange ich daran gestickt habe? In fünfzig Jahren hat sie keinen Fleck gehabt!"
Sie holt eine Plastikschüssel mit Wasser, setzt sich auf einen Stuhl und beginnt, mit einem Schwämmchen und Spülmittel den Rand aus dem mit Edelweiß- und Enziangirlanden bestickten Tischtuch zu reiben. Sie reibt und reibt. Wie kann man mit solcher Akribie so Unwichtiges tun, direkt neben dem Menschen, der einem das Wichtigste war und der sich anschickt, zu gehen?
Noch drei Mal an diesem Sonntag flöße ich ihm Maracuja-Saft ein, beim dritten Mal zeigt er mir, dass er auch diese kleinen Mengen nicht mehr schlucken kann.
Mir fällt ein, dass ich in einigen Tablettengläschen obenauf kleine, runde Schwämmchen gesehen habe. Davon hole ich mehrere, tauche sie ins Glas mit Maracuja-Saft (das natürlich jetzt auf einem Teller steht) und lege ihm immer wieder ein vollgesaugtes auf die Zunge, sodass er wenigstens den Geschmack noch hat.
Auch diese Nacht wird völlig ruhig – Papa wacht nicht ein einziges Mal auf, schläft ruhig, atmet flach, aber regelmäßig.
Oh, lieber Gott, hast du doch ein Einsehen?
Am Morgen jedoch kehren die Schmerzen mit gnadenloser Heftigkeit zurück. Der Arzt kommt, gibt ihm eine Spritze und befürchtet, dass er sich, da er ja nur noch

Haut und Knochen sei, sehr schnell aufliegen würde – man müsse in der Apotheke einen Gummi-Liegering besorgen.
Ich rufe in der Schule an, schildere, dass mein Vater todkrank ist, finde Verständnis und werde beurlaubt.
Um die Mittagszeit trifft meine Schwester ein, die mich wieder ablösen sollte. Sie hat starke Kopfschmerzen, setzt sich mit Mama in die Küche. Ich sitze an Papas Bett.
Sein Schlaf wird plötzlich sehr unruhig. Ich streichle seinen Handrücken bis zum Ansatz des Ärmels – das hatte ihn die letzten Tage immer beruhigt.
Wie ich ihn dafür bewundere, dass er so kämpft, sage ich. Und dass er es für mich nicht mehr tun muss, wenn es ihm soviel Leiden verursacht. Dass er mir gezeigt habe, wie ich selbst die Kraft dazu finde, sage ich.
Er öffnet die Augen, versucht, den Oberkörper aufzurichten. Ich stütze ihn am Rücken, schiebe ihm ein weiteres Kissen unter.
"Höher!" sagt er.
Ich hebe das verstellbare Kopfteil an, sodass er fast aufrecht sitzt.
Nun kann er nach draußen sehen, wo es regnet und ein starker Wind die Äste des gerade verblühten Zier-Kirschbaums ans Fenster schlägt.
Papa hebt die rechte Hand, macht eine Bewegung, als wollte er draußen, im Baum vielleicht? – jemandem zuwinken, nein, ihn hereinwinken.
Und dann sagt er ganz deutlich:
"Jetzt kannst du kommen, fertig, alles fertig!"
Seine Hand fällt ermattet auf die Decke, sein Kopf rutscht tiefer in die Kissen.
"Papa, Papa!" rufe ich, lege meinen Kopf auf seine Brust. Nein, er atmet, versucht, mit schmerz-verzerrtem

Gesicht, sich anders hinzulegen – wahrscheinlich tut ihm am Rücken alles weh. Ich stelle das Kopfteil wieder tiefer, nehme eins von den Kissen weg.
"Ich schlafe nur." Ein fast spitzbübisches Lächeln gleitet über seine Züge.
"Du hast mir aber grade einen Schreck eingejagt," versuche ich zu scherzen.
"Ich fahre jetzt schnell in die Apotheke und hole dir das Luftkissen – dann kannst du wieder besser liegen!"
Mutti und meine Schwester bitte ich, sie sollten zu Papa hineingehen, da ich nach Metzingen in die Apotheke fahre und ich den Eindruck hätte, dass er heute besonders unruhig sei.
Völlig automatisch und gedankenverloren fahre ich nach Metzingen, gehe eine Viertelstunde vor der Apotheke auf und ab, da diese erst um halb drei öffnet. Endlich! Aufgeregt sage ich, was ich brauche, beobachte ungeduldig, wie die Apothekerin das Gewünschte in den Regalen sucht, es dann umständlich einpackt.
"Gell, Sie send d'Tochter vom Pfarrer Mistele?"
"Ja, die Ältere", antworte ich, um weiteren Fragen vorzubeugen.
"Wie geht's ihm denn?"
"Schlecht," sage ich, bezahle, reiße ihr die Tüte aus der Hand, haste hinaus.
Warum habe ich nur das Gefühl, mein Vater rufe mich? Ja, auch im Auto höre ich's ganz deutlich!
So schnell das uralte Fahrzeug es zulässt, fahre ich zurück, komme zum Haus, wundere mich, dass die Fenster bei dieser Kälte weit offen sind. Wollen die den Papa denn umbringen? Durch den Garten, ins Haus, nur schnell, schnell – ich komme, Papa!
Auch die Tür zum Zimmer steht weit offen, meine

Schwester und meine Mutter sitzen weinend am Tisch, Tante Dora ist damit beschäftigt, Papa zu waschen. Warum macht das Tante Dora – was ist mit Papa?
Ich kniee mich neben das Bett, lege meinen Kopf auf seine nackte Brust, streichle sein Handgelenk. Alles kalt, alles so schrecklich kalt.
Ich bin wie versteinert.
Warum ist Papa weggegangen, ohne mich?

Ich schaue in sein Gesicht, denke, dass noch genau dasselbe spitzbübische Lächeln auf seinen Zügen ist, das ich zuletzt bei ihm sah.
Es sieht aus, als würde ihn die ganze, geschäftige Szenerie um ihn herum belustigen. Und die Blässe seines Gesichts lässt den Eindruck entstehen, er leuchte von innen heraus.
Dieser fast spöttische Gesichtsausdruck wird ihm bleiben – auch als er noch am selben Abend das erste Mal das Haus nicht auf seinen eigenen Beinen verlässt.
Weit nach Mitternacht komme ich nach Hause, lege mich in "meinem" Teil der Wohnung ins Bett und unterhalte mich mit meinem Vater. Ja, ich habe den Eindruck, er sei mit mir hierher gekommen, sehe nun, wie mein Leben grade aussieht.
Mein Hund kuschelt sich tröstend an mich, alles angestaute Leid der letzten Tage, Wochen, Monate löst sich in Tränenfluten auf – erstaunlich, dass ich immer noch weinen kann, denke ich.
Am nächsten Tag gehe ich ganz mechanisch in die Schule, mache die Hausarbeiten, gehe mit dem Hund spazieren.
Mama ruft an, sagt, dass die Beerdigung am Donnerstag sei, dass die Trauerkarten bei meiner Schwester in

Wendlingen abzuholen seien. Ich hole sie ab, schreibe, kuvertiere "meinen Teil", werfe sie ein.

Der Tag, an dem mein Vater begraben wird:
ein sonniger Junitag. Pflichtbewusst gehe ich mit Mama und meiner Schwester zum offenen Sarg, um mich zu verabschieden. Er hat immer noch diesen leicht amüsierten Zug um den Mund.
Ja, Papa, du hast ja so recht, denke ich.
Viele von denen, die heftig gerührt um dich versammelt sind, hast du durchschaut. Trauer-Maskerade von Neidern und Missgünstigen...
Ja, vielleicht heißt dieses Lächeln auch:
Das soll mir erst mal jemand nachmachen, die Stunde meines Todes mit meinem Herrgott auszumachen!
Ich werde meinen Vater wohl für alle Zeiten so vor mir sehen, wie er mit letzter Kraft den Oberkörper hebt, mit der Hand einladend einem höheren Wesen, das für normal-menschliche Augen unsichtbar im Baum wartet, zuwinkt und sagt: "Jetzt kannst du kommen. Fertig, alles fertig!"
In dieser Geste, diesen Worten lag die Größe von Golgatha, denke ich, als man den Deckel des Sarges schließt.
Die Trauerfeier in der Glemser Kirche, die vielen Ehrenbezeigungen und Reden von Grötzinger und Wendlinger Honoratioren, von Vertretern des Oberkirchenrates, von Vereinsvorständen und, und, und – ich bekomme sie alle nicht mit.
Ich schluchze, stütze mich auf meinen Mann, der mir doch eigentlich gar keine Stütze ist – aber diese seltsame Trauer-Gruppendynamik hat auch mich erfasst, obwohl ich innerlich ganz ruhig bin, mich gar nicht von Papa ver-

lassen fühle, überhaupt nicht glaube, dass er mit diesem Körper, der da nun versenkt wird, von uns gegangen ist. Noch nie zuvor hatte ich so stark das Gefühl, dass er um mich ist, alles sieht, alles hört. Und ich kann ihm nun Dinge erzählen, bei denen ich früher Skrupel gehabt hätte – und ich bewundere ihn mehr denn je. Welch einen großen Geist erfordert es, eine schwere Krankheit, unerträgliche Schmerzen als gottgewollt zu akzeptieren, und dann in dem Moment, als man das Gefühl hat, seine Würde zu verlieren, seinen Schöpfer um das Ende zu bitten?

Wie viele der zahlreichen Trauernden hier können das nachvollziehen? Vielleicht gibt es sogar welche unter ihnen, die dieses Lächeln auf seinen Zügen als leicht überheblich empfunden haben?

Mit all diesen Gedanken trete ich ans Grab, werfe ein Gebinde aus weißen Rosen, mit einer einzigen, roten, in der Mitte hinab – und weiß, dass es kein Abschied ist.

Und diese Gewissheit ließ mich die nächsten Tage, Wochen, Monate, Jahre ertragen...

# Das Dunkel danach

Papa hatte mich kurz vor seinem Tod gebeten, Mama bei allem "Papierkram" zu helfen.
Zwei Mal wöchentlich fuhr ich zu ihr, sortierte Rechnungen, schrieb Überweisungen, füllte Formulare, Anträge aus, beantwortete –zig Kondolenzschreiben.
Zu Beginn der Sommerferien war ich mit den wichtigsten Dingen fertig und bot Mama an, mit mir nach Frankreich zu fahren – es könne nicht schaden, wenn sie in eine andere Umgebung komme.
Drei Wochen lang versuchte ich dort dann, mit immer neuen Programmen und Beschäftigungs-Therapien, mit einer Rundum-Betreuung, Mama von ihrer Trauer abzulenken, was mir ganz gut gelang.
Bis sie mir dann erklärte, sie habe mir jetzt "genug geholfen" und müsse anfangen, an sich selbst zu denken...
Wir fuhren nach Hause, übernachteten in Zürich.
Morgens nahm Mama ein ausgiebiges Bad und sagte, ich solle ruhig schon frühstücken gehen.
Sie kam viel später nach, in schwarzem Leinenkleid, schwarzen Strümpfen und Schuhen.
Nachdem sie in Frankreich normal-bunte Sommer-kleidung getragen hatte, kam mir das wie Maskerade vor.
Man kam nun nach Hause, dorthin, wo "einen die Leute kennen," – und da trug man offensichtlich die Trauer nicht mehr im Herzen, sondern nach außen. Es wurde mir klar, dass meine Mutter in anderen gesellschaftlichen Normen verwurzelt war – für sie war wichtig, was "die Leute denken und sagen". In einer Art Retrospektive sah ich all die schmerzlichen Situationen während des

Sterbens von Papa vor mir, in denen ich mich fragte, ob meiner Mutter Konventionen schon immer mehr galten als Gefühle.

Als sie mich dann noch für meine Kleidung in hellem Blau rügte, sagte ich, ich fände es unehrlich, nur wegen der Leute Trauer zu tragen.

"Unehrlich?!" rief sie da, hasserfüllter, als ich sie je erlebt hatte, "*du* musst grade von Unehrlichkeit reden – bei *euch* ist doch alles nur Lüge! Deine Ehe, dein Familienleben, alles nur lügen und betrügen! Ich würde mich schämen, wenn ich mich jetzt, nach Papas Tod, auch nur an eine einzige Lüge oder Untreue erinnern müsste!"

Ja, das stimmte sicherlich. Papa war – obwohl er als attraktiver, unterhaltsamer Mann sicher öfters Gelegenheit zu Flirts gehabt hätte, immer ein treuer, zärtlich-fürsorglicher Ehemann gewesen. Und Mutti – in ihrer Jugend eine Schönheit und auch jetzt noch hübsch und adrett anzusehen, war wohl ebenfalls nie auf Abwege geraten. Aus Liebe – oder wegen der Leute?

Jedenfalls fand sie sich erstaunlich gut in ihrer Witwenrolle zurecht, machte – da Papa sie ja wohlversorgt zurückgelassen hatte – Reisen, besuchte alte Freunde. Viele davon lebten in Wendlingen, Vaters letztem Dienstort. Da war es nur natürlich, dass sie sich immer enger meiner dort lebenden und in Wendlingen sehr verwurzelten Schwester anschloss, bei ihr jede Woche zu Saunabesuchen und anderem weilte.

Nun, die Familienverhältnisse dort entsprachen auch eher dem, was man "geordnet" nennt: ein gut situierter Ehemann, Inhaber eines renommierten Unternehmens, der keine solchen Alleingänge wie meiner machte, der mit der Familie in Urlaub fuhr, etwas mit seinen Kindern unternahm, ihnen Vorbild war. Ein Mann, der für seine

Familie sorgte, bei all seinen geschäftlichen Entscheidungen das Wohl und die Sicherheit von Frau und Kindern im Sinn hatte. – Und der Haushalt meiner Schwester in einem eleganten Anwesen, gepflegt von einer wirklichen Perle, entsprach ebenfalls mehr Mamas Anforderungen an Ordnung und Sauberkeit als mein zugegeben ziemlich chaotischer, in dem – verursacht durch meine Doppelt- und Dreifach-Belastung, vieles liegen blieb – vom Staub angefangen bis zur Bügelwäsche.
Anfangs, wenn Mama mich besuchte, schaute sie sich hilflos nach Staublappen, Fensterleder und Putzmitteln um, ließ aber gleich durchblicken, dass sie, wenn sie mir helfen wollte, eh nicht wüsste, wo sie anfangen sollte...
Ich machte ihr klar, dass ich mich über die Besuche freue und die wenige Zeit, die sie bei mir ist, mit angenehmeren Dingen verbringen möchte. Immerhin schmeckte ihr meine "kreative Küche", die durch die vielen Reisen meines Mannes sehr exotisch beeinflusst war, sehr gut...
Letzterer war bei Schwiegermutter-Besuchen kaum zugegen. Dass wir im selben Haus so auseinander-nebeneinander lebten, empfand Mama als den Gipfel der Unehrlichkeit. Womit sie eigentlich recht hatte.
Wilfried war inzwischen mit all seinem Selbstwert-Frust auf Empfehlung des Segelfreundes am Bodensee zu einer Gruppe von Menschen gestoßen, die bei einer Astrologin und (selbsternannten) Therapeutin Wochenendkurse in Selbstfindung und –erfahrung machten.
"Das wahre Leben ist bisher an mir vorbei gegangen," sagte er mir versonnen. Er, der immer alles genommen und genossen hatte, was ihm sein bewegtes Leben so bot...
Lächelnd lauschte ich seinen Ausführungen über die (Un-)Tiefen der menschlichen Seele, über die feinstoff-

lichen Kraftströme im Körper, die Chakren, und, wie man Krankheiten nur durch Stimulieren eben dieser geheimnisvollen Kräfte heilen könne.
Er deutete mein Lächeln als Überheblichkeit.
Nach einigen Wochenend-Kursen kam er einmal erst zehn Tage später zurück, sagte flüchtig, er wohne zur Zeit preiswert bei einer älteren Dame in Hagnau, die froh und dankbar sei, dass "mal wieder ein Mann in ihrem Haus schnarcht"...
Ich war beruflich immer noch sehr angespannt, überhörte seine Anzüglichkeiten und sagte, wir sollten uns vielleicht doch einmal darüber unterhalten, wie jeder von uns seine Zukunft gestaltet.
"Aber wenn wir uns unterhalten, dann nach meinen Kriterien!"
Welche das seien?
Er habe gelernt, nutzbringende Diskussionen zu führen. Das ginge nur, wenn man sich an bestimmte Regeln halte – zum Beispiel gebe es "Unworte", die man vermeiden müsse – "doch", "aber" seien völlig unnütze Wörter. Mein Fehler sei, dass ich die zu oft verwende. "das habe ich dir doch schon vor Jahren gesagt" sei nichts anderes als Besserwisserei – und die habe er gründlich satt.
Eine verkrampftere Diskussion habe ich nie mehr erlebt – während ich mich bemühte, sachlich zu argumentieren ohne die verbotenen Wörter zu benutzen, kamen von ihm knallharte "neue Erkenntnisse" über sich selbst und unsere Beziehung und wie wir diese retten könnten.
Wollte ich die denn tatsächlich immer noch retten?
Liebte ich diesen Mann, der mir fast hasserfüllt gegenübersaß, noch? Rein äußerlich hatte er sich in den letzten Monaten vorteilhaft verändert – sein Bierbauch war verschwunden, der Bart war kurz und gepflegt – und andeu-

tungsweise sah ich in ihm wieder das Bild des Zwanzigjährigen, in den ich mich so unsterblich verliebt hatte. Unsterblich? Nichts ist unsterblich – das war mir gerade schmerzlich bewiesen worden.
Und – ganz realistisch – sah ich plötzlich auch meine eigenen Empfindlichkeiten, meine angeschlagene Gesundheit, mein oft zum Zerreißen gespanntes Nervenkostüm, die ständige, psychische Überforderung durch Beruf, Verantwortung für Haus und Kinder, die Haltlosigkeit in meiner Beziehung und das – nach dem beruflich bedingten Auszug meiner Kinder, in mir erwachende Gefühl der Leere, der Einsamkeit.
Genau das sagte ich ihm dann, sagte ihm auch, dass ich unsere Ehe endgültig für gescheitert hielte, dass ich ihn gerne freigebe für eine Andere, die ihn bedingungsloser lieben könne, dass ich ihm alles Gute wünsche für eine neue Beziehung, die nicht durch das Gewicht von 23 Jahren belastet wird.
Am nächsten Morgen legte ich ihm Hesses Gedichtband aufgeschlagen bei den "Stufen" auf seinen Tisch, unterstrich die Schlusszeile "Wohlan denn, Herz, so nimm denn Abschied und gesunde!" und ging in die Schule.
Als ich zurückkam, war er weg.
Drei Wochen lang sah ich ihn nicht mehr. Unser Hochzeitstag – der 23. – ging vorbei, ohne dass ich etwas von ihm hörte. Seine Bank rief mich an, sie bräuchten ihn dringend wegen einiger Unterschriften für die Aktienverkäufe. Also versuchte ich, ihn über den Segelfreund zu erreichen. Nach kurzem Zögern sagte mir der dann, irgend jemand müsse mir einfach reinen Wein einschenken – Wilfried sei mit Lilo, einer Kursteilnehmerin, verreist – wohin, wisse er auch nicht.
"Ach, so was Ähnliches hab ich mir schon gedacht," ver-

barg ich mein Erstaunen, "Lilo? Kenn ich die?"
"Glaub ich nicht – sie ist die Frau eines meiner anderen Segelschüler."
Warum tat das nur immer noch so weh?

Zwei Wochen später ein Anruf: ob ich so nett wäre, am Wochenende an den Bodensee zu kommen. Er lade mich ins Schlosshotel XY ein – nein, nein, es gebe zwei Schlafzimmer – es sei ihm ein Bedürfnis, noch einmal mit mir in Ruhe zu reden, man könne doch 23 Jahre nicht einfach so abhaken, es habe doch auch wunderschöne, glückliche Zeiten gegeben...
Seine Stimme war sanft, seine Argumente entsprachen meinen immer noch geheimsten Wünschen.
Er begrüßte mich in der Hotelhalle mit Handkuss, bestellte weltmännisch Champagner in die sicher sündhaft teure Suite. Vor einem offenen Kamin dort tranken wir, er küsste wieder innigst meine Hände (seit 22 Jahren war das nicht mehr vorgekommen), sagte, er wolle mich zu gar nichts zwingen, es seien, wie versprochen, zwei Schlafzimmer da.
Wir gingen abends essen, was – bei belangloser Konversation – ein ziemlich positives Erlebnis war. Schon immer hatten wir, was Kulinarisches anbelangte, dieselben Dinge genossen.
Später, als wir mit einem Digestif wieder vor dem Kamin saßen, versprach er, schrankenlos ehrlich mit mir zu sein – ich solle ihn aber bitte, bitte nicht unterbrechen...
Und dann erzählte er.
Ja, er habe eine Beziehung, das sei mir ja inzwischen "gesteckt" worden. Diese Frau sei für ihn eine neue, aufregende Erfahrung gewesen – sie sei jedoch verheiratet. Da sie sich eigentlich sicher waren, dass sie gerne

zusammenbleiben würden, sei er mit ihr zu ihrem Ehemann gegangen. Dieser habe ihm sein Geschäft, sein Haus, sein Segelschiff (nein, damals gab's diese blödsinnige Versicherungswerbung noch nicht) angeboten, wenn er ihm nur seine Frau lasse. Er habe das nicht gewollt, sondern gesagt, sie würden sich schon etwas Neues aufbauen.

Da habe sie ihn im Beisein ihres Mannes gefragt, was das heißen solle, etwas Neues aufbauen?

Er habe zugeben müssen, dass seine finanziellen Reserven langsam schwinden, die Immobilien hier und in Frankreich seiner Frau gehörten, mit der er in Gütertrennung lebe – und dass er derzeit ohne festes Einkommen von der Substanz lebe.

Da habe sie, die vorgab, ihn bedingungslos zu lieben, böse gezischt: "Dann möchte ich mal wissen, wovon du mich ernähren willst!"

In diesem Moment sei ihm klargeworden, dass er am falschen Platz war. Dass er gerade davor bewahrt worden war, den größten Fehler seines Lebens zu machen.

"Ich habe doch eine Frau," habe er erkannt, "und zwar eine, die hübsch und intelligent ist und mich wirklich bedingungslos liebt, da sie mich geheiratet hat, als ich absolut nichts besessen habe."

Und dann sang er noch einige Zeit weiter ein Loblied auf meinen Fleiß, meine Sparsamkeit, meine Kreativität, meine Tatkraft, mit der ich ihn bei den verschiedensten geschäftlichen Dingen unterstützt hatte, meine Bemühungen um den Erhalt der Familie – und, nicht zuletzt, auf meine engelsgleiche Geduld, mit der ich ihm immer wieder seine Fehler verziehen habe.

Letztendlich – resümierte er dann – hätten ihn aber genau diese engelsgleichen, übermenschlichen Eigenschaften

von mir weggetrieben, weil sie ihm ständig ein schlechtes Gewissen verursacht hätten.
Aber, nach diesen Wochen der Einsamkeit (???) und des Nachdenkens habe er erkannt, dass er eine solche Liebe nirgends mehr finden werde und sie daher auch keinesfalls aufs Spiel setzen dürfe.
Ich solle ihm noch eine, wirklich nur eine letzte Chance geben, mir zu beweisen, dass ich für ihn die einzige Frau sei, die in seinem Leben je gezählt hatte. Er werde sich alle Mühe geben, wieder in seinem alten Beruf arbeiten – denn das sei ja anscheinend wirklich das Einzige, was er beherrsche.
Und er werde auch wieder Erfolg haben – wenn ich nur hinter ihm stehe. Und dann könnte ich endlich diesen psychisch so strapaziösen Beruf an den Nagel hängen und wir könnten jetzt, wo die Kinder erwachsen sind, endlich alle Träume, die wir einst (doch!!!) gemeinsam hatten, verwirklichen.
Noch nie hatte ich ihn so leidenschaftlich und so lange reden gehört – von Minute zu Minute war ich mehr an seinen Lippen gehängt, hatte mich von der bloßen Hoffnung zur Gewissheit vorgewagt, dass so nur ein Mensch reden könne, der es ehrlich meint.
Es wurde die glücklichste Nacht unserer ganzen Ehe – und am Morgen, nach einem Frühstück vor dem Kamin, war ich sicher, dass auch ich ihn noch "genug" liebe, um die Schrecken der Vergangenheit hinter mir zu lassen.

Gleich nach unserer Rückkehr begann er, nach einer gebrauchten, bezahlbaren Druckmaschine zu suchen – und wurde auch bald fündig. Wenn ich sie im Erdgeschoss des Hauses in Esslingen rattern hörte, war das förmlich Musik für meine Ohren.

Zuerst druckte er nur kleine Aufträge wie Kirchenblättchen oder Geschäftsdrucksachen.
Dann, als er Esslingen und die Struktur seiner Stadtteile besser kannte, entwickelte er mir eine neue, vielversprechende Idee: Die Stadtteile seien eigentlich gewachsene Dörfer mit jeweils eigenen Kirchengemeinden, Vereinen, Geschäften und ganz lokalen, kommunalpolitischen Problemen. In der Tageszeitung kämen diese Belange oft zu kurz – deshalb würden bestimmt Stadtteil-Mitteilungsblätter nach unserem früher alt-bewährten Muster gut ankommen. Auf Abonnenten-Basis allerdings nicht – sie müssten kostenlos an alle Haushaltungen verteilt und nur über Werbung finanziert werden.
Ich fand die Idee gut – wir gestalteten begeistert ein Probeblättchen, boten Einzelhandelsgeschäften in unserem Stadtteil kostenlose Anzeigen für die ersten drei Ausgaben und verteilten in einer "Nacht- und Nebelaktion" (tagsüber hätte ich mich meiner Schüler wegen schrecklich geniert) etwa 2500 Stück selbst in die Briefkästen.
Das Blatt wurde sofort ein Erfolg – andere Stadtteile brauchten unbedingt auch eines, die alte Druckmaschine wurde durch eine neue ersetzt, ich baute an, eine zweite Druckmaschine wurde angeschafft, ich baute wieder an – bis auf ausgeklügeltem Raum eine wirklich rationell, produktiv und lukrativ funktionierende Druckerei entstanden war.
In deren Arbeitsprozess ich mehr und mehr eingebunden wurde. Ich weiß nicht, wie viele Hunderttausend bedruckter A-3-Blätter ich in den kommenden Jahren gefalzt und zusammengelegt habe (meist abends mit einer Feierabend-Mitarbeiterin, während er schon wieder zu seinen Stammtischgewohnheiten zurückgekehrt war), wie

viele Kilometer ich fuhr, um schwere Pakete zu den Austrägern zu bringen.
Und doch: es war eine ziemlich befriedigende Zeit, ich fühlte mich gebraucht, akzeptiert, - und auch geliebt, denn mein Mann, dessen Selbstbewusstsein wieder gestärkt war, der wieder "jemand war," ließ mich an seinem Erfolg auch teilhaben. Viele schöne Wochenenden, Reisen nach Frankreich, an die Nordsee, trugen dazu bei, dass wir wieder ein Gefühl der Zusammengehörigkeit bekamen.
In Frankreich war uns ein großes Ruinengrundstück neben unserem Häusle angeboten worden, und da ich nach dem Tod meines Vaters aus dem Verkauf seines geliebten Sees ein Drittel von meiner Mutter ausbezahlt bekommen hatte (ein Drittel behielt sie selbst, das dritte bekam meine Schwester), konnte ich dieses Hanggrundstück kaufen.
Ich stellte mir vor, dass wir das alte, nur für die Sommerferien geeignete Haus verkaufen und dafür ein größeres, komfortableres bauen würden – so, dass wir später, in unserem Ruhestand, viele Monate in dem angenehmen Klima, das uns beiden gut tat, verbringen könnten.

Irgendwie war es mir nie vergönnt, längere Glücksperioden zu erleben – vielleicht zeigte ich's zu deutlich, wenn ich glücklich war und erregte damit den Neid der Götter...
Knapp drei Jahre nach dem Neubeginn kam mein Mann eines Tages blass vom Abholen der Post, hielt mir wortlos ein amtliches Schreiben hin.
Die Finanzbehörde, die ja schon vor Jahren die steuerliche Rechtmäßigkeit des Betriebsverkaufs auf Pachtbasis

angezweifelt hatte, teilte mit, dass die Angelegenheit nun gerichtlich geklärt werden müsse.
Der Prozess dauerte nicht sehr lange, Wilfried wurde zwar nicht wegen Steuerhinterziehung verurteilt, musste aber mit einer größeren Nachforderung rechnen. Unser Steuerberater erreichte eine beträchtliche Reduzierung dieses Betrages, für mich waren jedoch die zu zahlenden 80 Tausend DM immer noch eine horrende Summe. Zahlbar in spätestens drei Monaten...
Wilfried war einige Tage einsilbig, fuhr übers Wochenende zum Angeln, kam zurück und erklärte mir, er habe sich über die Steuernachzahlung Gedanken gemacht. Er lasse sich nicht seiner neuen Existenz berauben. Der Geschäftsverkauf habe vor unserem Gütertrennungsvertrag stattgefunden, daher müsse ich die Hälfte der Steuern übernehmen.
"Das ist aber nicht dein Ernst, oder?!"
"Mein bitterer Ernst. Du hast bei der Gütertrennung von allem die Hälfte bekommen – dann hast du auch die Hälfte der Schulden zu zahlen!"
Woher sollte ich eine solche Summe nehmen? Alles, was ich verdiente, floss in den Haushalt, in die Abzahlung des Hauses – und ein nicht unerheblicher Betrag immer noch in die Unterstützung meiner Kinder.
Achselzuckend – und härter, als je zuvor, sagte er mir, das sei ihm egal – seine Reserven seien mit der Hälfte der Steuerschuld aufgebraucht und ich hätte ja schließlich den Banken einiges an Sicherheiten zu bieten.
Im nächsten Blättchen wurde – es waren gerade Sommerferien - drei Wochen Betriebsurlaub angekündigt und mein Mann verschwand mit unbekanntem Ziel...
Allein gelassen, ließ ich wieder einmal meine inzwischen 26 Jahre mit diesem Mann Revue passieren. Ich hatte

ständig für zwei, oft für drei gearbeitet, besaß nun zwar zwei Immobilien – jedoch keinerlei Reserven. In den erfolgreichen Jahren hatte ich versäumt, von Wilfried eine entsprechende Beteiligung an den Kosten der aufwendigen Haushaltsführung, der Ausbildung der Kinder, der Ferien-Finanzierung zu verlangen. Und nun sollte ich die Hälfte der Steuer zahlen für Beträge, von denen ich nie profitiert hatte?
Das konnte er doch nicht für gerechtfertigt halten!
Andererseits waren die vergangenen beiden Jahre fast die harmonischsten unserer Ehe gewesen. Endlich hatte es ein "Miteinander" gegeben statt des jahrelangen Nebeneinander.

Er kam zurück, war anscheinend in sich gegangen. Nein, er verlange nicht von mir, dass ich das als verlorenen Anteil bezahle – aber ich solle ihm helfen, die kommenden drei Jahre zu überbrücken – dann bekäme er eine große Lebensversicherung ausbezahlt.
Ich versprach ihm, nach einer Lösung zu suchen.
Einen weiteren Kredit wollte ich auf keinen Fall aufnehmen – die monatlichen Abzahlungen hätten mich sehr eingeengt. Woher also das Geld nehmen?
Das Ruinengrundstück in Frankreich!
Es war so groß, dass wir es sicher nie ganz nutzen könnten. Auf dem oberen, größeren und fast ebenen Teil hatte ich ein zusätzliches Haus genehmigt bekommen, das eigentlich einmal für die Familien unserer Kinder vorgesehen war. Matthias war nach kurzer Ehe gerade kinderlos geschieden worden – Judith war dabei, sich meinen früheren Berufstraum zu verwirklichen und begann in Wiesbaden ein Innenarchitektur-Studium und sie verspürte absolut keine Lust zur Ehe...

In der Stuttgarter Sonntagszeitung gab ich eine Testanzeige unter "Ferien-Immobilien" auf, erhielt eine Flut von Anrufen, hatte schnell eine ernsthafte Interessenten-Familie gefunden. Der Vorvertrag wurde bei einem Notar in Deutschland gemacht, ich erhielt einen großen Teil des Kaufpreises sofort, sodass ich – zusammen mit einer Anleihe bei meiner Mutter, dem Finanzamt mit nur wenigen Tagen Verspätung die fehlende Steuerhälfte überweisen konnte.
Mein Mann war von nie gekannter, rührender Dankbarkeit und Großzügigkeit. Das Geschäft ging auch wirklich sehr gut – und so lud er mich zu einigen Kurzreisen nach München, Zürich und zu Musicalbesuchen in Hamburg ein.

So geht es fast zwei weitere Jahre gut – ich wiege mich in der Sicherheit, endlich die Basis für ein gemeinsames Alter gefunden zu haben. Auch den Tod meines – auch von ihm abgöttisch geliebten, kleinen Hundes nach fast 16 Jahren versuchen wir, gemeinsam zu tragen.
Doch den Weg in die 90er gehe ich alleine: er hat sich in den Weihnachts-Betriebsferien einen Traum erfüllt, reist nach Fernost, gibt wahnsinnig viel Geld aus für eine Individualreise nach Malaysia und in die indonesische Inselwelt.
Und wieder einmal kommt er von einer großen Reise zurück und meint, er müsse Ballast abwerfen, Verantwortung loswerden.
Wieder einmal will er den noch längst nicht auf dem Höhepunkt angelangten Betrieb verkaufen.
Als geübter "Angler" hat er schon ein halbes Jahr später einen Goldfisch an der Angel, der ihm einen wahrhaft exorbitanten Preis für den Betrieb bezahlt.

Wie schon bei früheren existenziellen Entscheidungen werde ich auch jetzt nicht gefragt.
Es geht mir gerade gesundheitlich sehr schlecht – nach mehreren Monaten Beschwerden und Ängsten war ein Herzklappenfehler festgestellt und außerdem die kleinen Hautunebenheiten, die ich schon lange hatte, als Karzinome diagnostiziert worden.
"Na also, um so mehr müsstest du doch froh sein, dass wir den Betrieb, der auch für dich eine Belastung ist, so gut verkaufen können!"
Diese Riesensumme sei nun wirklich die Garantie für ein sorgloses Alter für uns beide und außerdem würde der neue Besitzer in den bisherigen Räumen bleiben und ich könnte nun endlich eine Super-Miete kassieren...
(kleine, vorgreifende Bemerkung: der Käufer zahlte tatsächlich ein Jahr lang eine sehr gute Miete, kündigte dann jedoch, zog um in drei mal so große Neubauräume und ging kaum zwei Jahre danach pleite...)
Alles, was mein Mann mir da so eindringlich an Vorteilen des Verkaufes sagt, tut meiner wunden Seele gut...
Die Verkaufsverhandlungen werden abgeschlossen, notariell fixiert – und er erhält außer dem offiziellen Verkaufspreis noch eine unbekannte Summe Bares. Es muss sehr viel gewesen sein, denn im Frühjahr 93 geht er ein Vierteljahr auf Reisen: Kuba, eine Brasilien-Rundreise – und alles auf Privat-Basis, überall würde er von deutsch-sprechenden Chauffeuren und Reiseleitern abgeholt und betreut – nur beste Hotels und, und, und...
Ich habe keine Kraft, mich zu ärgern, nein, nicht einmal, mich enttäuscht zu fühlen.
Nach langer Krankheitszeit wegen einer, nach einem Leben mit zu niederem Blutdruck plötzlich aufgetretenen, beängstigenden Hypertonie, wegen der Herz-

probleme, zweier Basaliom-Operationen, hatte man mir nahegelegt, vorzeitig in den Ruhestand zu gehen. Da war ich nun plötzlich zu Hause, stand – wie während der ganzen Dienstzeit um sechs Uhr morgens auf, begab mich gegen sieben Uhr ans Fenster und zählte die Kollegen, die am Haus vorbei in die Schule fuhren, stellte mir vor, wie sie nun "meine" Klassen unterrichteten.
In dieser ersten Zeit wurde mir klar, wie sehr ich in diesen Beruf hineingewachsen war, wie viel Inhalt er meinem Leben gegeben hatte, wie viele schöne, befriedigende oder auch erheiternde Situationen er mir vor allem durch meine zierliche Figur und mein zum Glück immer jugendliches Aussehen beschert hatte. Um nicht ganz in nostalgische Trübsal zu versinken, versetzte ich mich in Gedanken dann wieder in die blau-weiße Straßenbahn in München, mit der wir bei einem Schulausflug zum Deutschen Museum fahren wollten und ich absolut nicht wusste, wo ich den Sammelfahrschein lösen sollte. Wir stiegen damals in die Erste, die kam, ein, saßen und standen in einem recht vollen Wagen, als der Schaffner kam. "Wo ist euer Lehrer mit dem Fahrschein?" – geistesgegenwärtig zeigte einer meiner Schüler vage nach hinten.
"Der ist in einem der nächsten Wagen!"
Bei der nächsten Haltestelle stiegen wir alle aus, rannten einige Hundert Meter weit, ließen uns auf ein paar Parkbänke fallen und lachten, lachten – weil er erstens mich für eine Schülerin gehalten hatte und wir – zweitens – mit 23 Personen schwarz gefahren waren.
Oder das "Spotlight" bei unserer ersten London-Reise: Mit meinen zwölf Schülern verpasste ich die U-Bahn, die die anderen Gruppen zum Wachsfigurenkabinett genommen hatten. Wir fuhren mit der nächsten, rannten dann am

Zielort entsprechend hastig die Treppen hinauf, um mit den anderen rechtzeitig zum Einlass zu kommen. Auch ich nahm immer zwei Stufen auf einmal – da stoppte mich plötzlich ein älterer Herr, schüttelte mich heftig am Oberarm und rief: "Don't behave like hottentots!" (benehmt euch nicht wie Hottentotten! - ich habe keine Ahnung, wie die sich benehmen – und heute würde man so eine Äußerung wohl als Rassismus verurteilen...). Viele Jahre hoben meine Schüler bei jeder Gelegenheit feixend den Zeigefinger und zitierten den englischen Verweis...
Ein Sportkollege bekommt noch heute einen roten Kopf, wenn jemand erwähnt, dass er mal im Hallenbad – wütend, weil so viele der "Damen" partout nicht schwimmen wollten – eine ganze Reihe von hinten ins Wasser schubste. Mitten drin war *ich* gewesen – meinetwegen waren die Mädchen stehen geblieben, da sie mich zufällig getroffen hatten.
Jede neue Klasse, die ich übernahm, war auch von den Vorgängern immer über meine Eigenheiten informiert worden – was erstaunlicherweise meiner Autorität keinen Abbruch tat. Vielleicht lag es daran, dass die Schüler wussten, dass ich mich über ihre Eigenheiten, über ihre Fehlleistungen nie bei den vorhergehenden Kollegen erkundigte, sondern jedem die Chance eines Neuanfangs bot. Und sie wussten, dass ich auch über mich selbst lachen konnte – wenn sie bei Klassenabenden typische Gesten, Aussagen von mir verulkten.

In der Erinnerung verklärte sich so mein Schulleben immer mehr. Und nun sollte ich nie mehr Gelegenheit haben, solche Dinge zu erleben, sollte mich nie wieder mit jungen Menschen jung fühlen dürfen, das glückliche

Gefühl genießen dürfen, von ihnen respektiert und gemocht zu werden, ihr Vertrauen zu haben?
Ich fühlte mich ausgelaugt, ausgenutzt, weggeworfen. Nach einem Leben für Andere saß ich eigentlich alleine da. Nein, so undankbar durfte ich nicht sein – ich hatte Freunde, viele Freunde, die mich um meiner selbst liebten und unterstützten. Aber ich hatte es eben nie geschafft, den Menschen bei mir zu halten, von dem ich es mir am meisten gewünscht hatte.
Bankrotterklärung also?
Ja, dachte ich, so eine Art Privatinsolvenz der Gefühle...
Mein Kardiologe und ein Neurologe, zu dem ich mich mit meiner seelischen Not auch noch geflüchtet hatte, sagten mir übereinstimmend, dass ich endlich meinen ur-eigenen Weg gehen und, nur nach vorne blickend, mich auf meine schon so oft bewiesenen inneren Kräfte verlassen sollte.

Mein Mann kam nach Hause, war völlig begeistert von den Erlebnissen seiner Reise, erzählte mir stundenlang von diesem "wirklichen, letzten Abenteuer Amazonas", sagte, es sei jammerschade für mich, dass ich mit meinem kaputten Herzen nicht mehr in solche Länder reisen könne.
"Ach, weißt du, selbst wenn ich's gesundheitlich noch könnte – finanziell ginge es nicht. Oder hast du vergessen, dass ich noch Jahre die Kosten des Anbaus fürs Geschäft abbezahle, das du gerade verkauft hast?"
(Seit der Gütertrennung bestand er bei gemeinsamen Unternehmungen auf getrennter Kasse...)
"Du hast eben immer am falschen Platz gespart."
Wir fuhren einige Tage nach Frankreich.
Und bei einem hervorragenden Sterne-Essen im Burgund, auf dem Weg ins Häusle, erklärte er mir:

"Deine Immobilien kannst du dir nicht auf der Zunge zergehen lassen, wie ich mir die Foie gras mit diesem wunderbaren Glas Sauternes! Von diesem Genuss profitiere ich, ich allein – und nicht meine ungeratenen Erben. Was hast du nun davon – ein Haus da, eins dort – und überall nur Sparsamkeit, Quadratmeterknauserei! Lohnt sich's, dafür die Gesundheit zu ruinieren? Fang endlich an zu leben, bevor's zu spät ist!"
Auf der Terrasse des neuen Hauses in Frankreich schien er sich aber trotzdem sehr wohl zu fühlen...

Nach einigen Wochen zu Hause, in denen ich ihn kaum gesehen hatte, da er von einem Nobelhotel zum anderen reiste, kam er wieder einmal in das Haus mit der "Quadratmeterknauserei", sagte, er müsse sich frische Wäsche holen.
"Keine da – na ja, eine Hausfrau warst du ja noch nie!"
Er ging ins Bad, warf einige Wäscheteile aus seinem Koffer in die Maschine, suchte das Waschmittel, fand es nicht gleich, wurde immer wütender. Ohne Worte nahm ich ihm alles aus der Hand, schaltete die Maschine ein, setzte mich ins Wohnzimmer und las in einem Rilke-Band, den ich vor kurzem geschenkt bekommen hatte.
Nach einiger Zeit kam er herein und wetterte, er habe das hier alles so satt, diese Manie, jeden Winkel zu nutzen, diese Wohnklos hier und in Frankreich!
Mit einem schwachen Versuch der Entgegnung sagte ich, dass er in beiden Immobilien immer preiswert gewohnt und sich auch wohlgefühlt habe.
Er zog heftig an seiner Havanna, blies mit einem lauten "Pfff" den Rauch weg.
"Wohlgefühlt? Nie hab ich mich wohlgefühlt! Ich

brauche große Räume – und ich werde mir demnächst eine anständige Wohnung mieten!"

Ich konnte kaum mehr atmen, war einem Schreikrampf nahe, beherrschte mich dennoch:

"Dann teil mir doch einfach mit, wenn du etwas Passendes gefunden hast und wann du ausziehen willst. Ich muss dann ja vielleicht auch einiges in meinem Leben umplanen."

Er ging – wieder sah ich ihn zwei Wochen nicht mehr, entdeckte aber in der Zeitung Wohnungsgesuche, die nur von ihm stammen konnten.

Wenn mir die Seele weh tat im Bewusstsein, nun wohl das endgültige Aus unserer 30jährigen Ehe zu erleben, dann las ich mein Tagebuchprotokoll, geschrieben jeweils kurz nach den sogenannten Unterredungen mit ihm...

Ich dachte an die erste Zeit unserer Ehe, als ich mir – schwanger – nicht einmal Obst hatte kaufen können, als ich jeden Pfennig Haushaltsgeld drei Mal umdrehen musste.

Später, als wir – nein, er, zu Geld gekommen war, hatte ich nicht viel davon – er brauchte Unsummen für teure Hobbies und Vergnügungen. Hätte ich's genauso gemacht, könnte er jetzt zum Beispiel nicht einen optimal funktionierenden Betrieb trotz sparsamster Raumgestaltung verkaufen, denn der Riesengewinn, der erzielt wurde, lag zum großen Teil eben auch an der geringen Miete und an meiner unbezahlten Mitarbeit...

Er, der nie Rücksicht auf meine Gesundheit genommen hatte, der nie da gewesen war, wenn mir etwas fehlte – Situationen wie Kreislaufkollaps, ein Stromschlag, diverse Herzattacken und Stürze fielen mir ein, die ich nur überlebte hatte, weil die Eltern, meine Kinder oder Freunde in der Nähe waren oder ich mich selbst mit letzter Kraft irgendwo hingeschleppt hatte. Er also tat nun so, als wäre das mein eigenes Verschulden, weil ich eben nicht wusste, wie man "lebt". Er, der eigentlich die Ursache meiner schlimmsten Schmerzen und Verletzungen war!

Nein, das war nicht mein Leben, meine Bestimmung.

Ein lieber Freund, der als Psychologe auch astrologische Aspekte mit einbezieht, sagte mir, dass alle meine Planeten im Sonnenhaus stehen – und dieser Tatsache verdanke ich es, dass meine Lebensfreude, mein Temperament, meine Liebesfähigkeit trotz der negativen, "mentalen Psychopharmaka", die mir seit 30 Jahren verabreicht wurden, ungebrochen seien.

Vor zehn Jahren hatte er gedroht, mich umzubringen. Wenn ich nicht aufpasste, schaffte er das jetzt, ohne aktiv zu werden...

Aber ich wollte leben. Und ich wollte schreiben.

Endlich hatte ich Zeit, die Hunderte schriftlicher Skizzen, die – gereimt oder ungereimt – in Dutzenden von Schulheften notiert worden waren, zu sichten und auszuarbeiten.

Sollte er ausziehen – ich würde es verkraften!

Oh, wie gut tat so ein bisschen Wut im Bauch und im "armen, unbenutzten Unterleib"...

Wut über so viel verschenkte Zeit, unnützes Hoffen, Warten, Sorgen. Wut über soviel Einfalt, die eine einzige Nacht voll zärtlicher Leidenschaft (von der man auch noch annehmen muss, dass es Berechnung war...) sieben Jahre lang klaglos "büßt".

Wut über die sinnlosen Versuche, Freude zu bereiten, wo doch nur nackter Materialismus zählte.

Wut darüber, tatenlos zugesehen zu haben, akzeptiert zu haben, dass der, den ich liebte, den Gegenwert dieses

Hauses hier, für das ich noch Jahre bezahlen werde, längst verreist, ver-rennt, verraucht, versoffen und ver-fressen hat – und – Gipfel der Wut erreicht: mir meine entbehrungsreiche Sparsamkeit auch noch jetzt, wo ich gesundheitlich am Boden liege, zynisch vorwirft.
Nein, sein Zerstörungswerk wird ihm nicht gelingen.
Mit meinen kümmerlichen Resten an Lebenskraft werde ich in Zukunft vorsichtig umgehen, und mir das Leben so gestalten, wie es mir gut tut und wie ich es immer wollte.

Bonjour!

Mit Leere kann man nichts füllen.
Für ein leeres Dasein fehlt mir die Zeit.
"La fin devient le début" – das Ende wird der Anfang...
Ich werde mir wieder einmal selbst helfen.
Meine treuen Freunde werden mir helfen.
Mein Papa wird mir von da oben herab helfen.
Ich bin ich. Endlich.
Und wieder einmal war Weihnachtszeit.
Er erschien am Heiligen Abend, erklärte großzügig, jedes der Kinder und auch ich bekämen je 6000 DM aus seinem Geschäftsverkauf und wir hätten damit ja wohl ein schönes Weihnachtsgeschenk...
Wo er den Jahreswechsel verbrachte, weiß ich bis heute nicht. Ich fuhr zu meinen Hunde-Freundinnen an den

Zürichsee, erlebte dort ein herrlich unbekümmertes Neujahr mit Spaziergängen im knirschenden Schnee. Inzwischen hatte ich selbst längst auch wieder einen Tibeter-Hund, den mir mein Mann zwei Jahre zuvor nach dem Tod von Mihu geschenkt hatte.

Von diesem friedlichen, herzlichen Aufenthalt kehrte ich zurück in der Gewissheit, dass ich's schaffen würde – und, ein wenig überheblich, dachte ich, dass meine Feiertage sicher positiver verlaufen waren als die seinen...

## Scherbengericht

Mein Mann zog nicht aus – vielleicht hatte er sich ja überlegt, dass er für die wenige Zeit, die er inzwischen in Deutschland verbrachte, nicht unbedingt eine teure Wohnung bräuchte...
Seine Aufenthalte in Brasilien und in anderen südamerikanischen Staaten wurden immer länger und häufiger.

War ich unglücklich? Bestimmt nicht. Ich hatte inzwischen mein Leben ohne ihn eingerichtet, unternahm vieles mit Menschen, die meine Vorlieben teilten, ging regelmäßig mit meinem Bäsle – und "Wahl-Schwesterle" in einen Chor, und vor allem: ich konnte wieder schreiben.

Eines Tages kam er in "meinen" Teil der Wohnung, lud mich ein, mit ihm essen zu gehen – er habe wieder einmal einen Tisch in unserem früheren Lieblings-Restaurant in Bad Überkingen bestellt.
"Du wusstest doch gar nicht, ob ich mitgehe!?"
"Warum solltest du denn nicht? Wir sind doch schließlich verheiratet."
Ich nahm an, er wolle mit mir nun doch über seinen Auszug aus dem Haus reden – vielleicht auch über eine endgültige Trennung...
Ich sagte zu.
Am Abend davor wusch ich mir die Haare, drehte mir Löckchen, legte eine Beauty-Maske auf.
Er sollte nicht denken, dass ich ohne ihn total zur grauen Maus geworden war..
In einer modellangefertigten, gefärbten Kaninchen-Pelzjacke mit passender Tasche (ein Relikt aus "Pelzle"-Tagen) und darunter ganz in elegantem Beige, mit üppigem, afrikanischem Holzschmuck, trat ich vors Haus, den kleinen Hund unterm Arm. Er war gerade dabei, vor der Garage seine Scheibenwaschanlage zu füllen.
Ich wollte an ihm vorbei zu meinem Auto, sagte freundlich "Hallo!"
"Ach, du willst auch gerade gehen? Du kannst eigentlich auch mit mir fahren – du fährst doch eh nicht gerne bei diesen Straßenverhältnissen."
Damit hatte er recht.

Unterwegs sah er mich von der Seite prüfend an.
"Du siehst gut aus. Hast du abgenommen?"
Blöde Frage – seit 33 Jahren weiß er, dass ich mir bei Stress nicht wie andere Frauen Kummerspeck anfuttere, sondern das Essen oft total vergesse.
An der Ampel dann ein Blick auf mein Outfit.
"Schön, dass du dir auch mal etwas wirklich Elegantes geleistet hast. Es steht dir sehr gut."
Im Restaurant bestellte er den obligaten Champagner als Apéritif.
"Auf uns und unsere Freundschaft!"
Wenn er denn meinte?! Freundschaft war vielleicht nicht mal das Schlechteste. Ich war auf dem besten Weg, einen Strich unter alles Gewesene zu ziehen – warum also nicht mit dem Exmann befreundet sein?
Mit freundlichem Lächeln erwiderte ich seinen Trinkspruch.
"Du bist sehr stark. Viel stärker als ich," stellte er unvermittelt fest – fragte dann zögernd:
"Könntest du dir vorstellen, unsere Ehe auf dieser freundschaftlichen Basis fortzusetzen?"
"Ich bin unter ganz anderen Voraussetzungen heute mit hierher gefahren – ich dachte, du wolltest mir sagen, dass..."
"Das ist dein alter Fehler. Du glaubst immer alles vorher zu wissen, oder besser zu wissen!"
Aha! Charme-Zwischenspiel beendet.
"Eben daran siehst du, dass wir, auf 33 Jahre Irrtum zurückblickend, endlich erkennen müssen, dass wir nicht füreinander geschaffen sind. Ich bin einverstanden damit, in Zukunft mit dir einen freundschaftlichen Umgang zu pflegen. Wir müssen uns meinetwegen auch nicht scheiden lassen – ich will nie wieder heiraten. Für mich war und ist die Ehe eine einmalige Angelegenheit."

Täuschte ich mich, oder hatte er tatsächlich feuchte Augen? Ich bemühte mich, sie zu ignorieren.
"Was ist denn aus deinen Umzugsplänen geworden? Hast du nun eine Wohnung gefunden, die deinen Vorstellungen entspricht?"
"Ich hätte mehrere haben können – aber mir ist klar geworden, dass auch ich diese 33 Jahre nicht wegwischen kann, dass ich gerne weiterhin in deiner Nähe sein würde. Und ich werde mein Nichtstun beenden – auf die Dauer kann ich mir das auch gar nicht leisten."
Und dann erzählte er, vor kurzem habe er sich mit unserem früheren Steuerberater getroffen. Dieser erzählte ihm begeistert von einem Golfclub, dessen Präsident er gerade geworden war, schwärmte von diesem Sport, bei dem man nette, manchmal auch geschäftlich interessante Leute treffe und sich viel an der frischen Luft und in der herrlichen Natur des Albvorlandes bewege. Er suche nun händeringend jemanden, der eine repräsentative Clubzeitung entwerfe und später auch herstelle – ob er als gelernter Grafiker daran nicht Interesse hätte?
Mein Mann zeigte mir erste Titelseiten-Entwürfe, schilderte mir die Vorteile der Erscheinungsweise dieser Zeitschrift: bei nur drei Ausgaben im Jahr hätte er genügend Zeit, noch einige Jahre seine Brasilien-Erforschung fortzuführen.
"Und ich würde großen Wert darauf legen, dass du mir mit deiner Kreativität ein wenig zur Seite stehst – du hast doch eigentlich jetzt viel Zeit!"
"Ja, schon. Für etwas, was ich gerne mache und was mich gesundheitlich nicht strapaziert, würde ich mir auch Zeit nehmen. Nur glaube ich nicht, dass das, was du da als neuen, freundschaftlichen Weg der Zusammenarbeit entwickelst, sich mit meinen Plänen für die Zukunft deckt."

"Ich bitte dich, überlege es dir."
Wir machten einen langen Spaziergang, freuten uns am drolligen Spiel unseres Hundes mit den Schneeflocken.
"Du siehst aus wie die Tochter von Frau Holle."

In den folgenden Wochen kam er immer mal wieder zu mir, um mir Entwürfe zu zeigen, Ideen zu unterbreiten. Jedes Mal bat er mich um meine Meinung, um eine Beurteilung oder auch Kritik. Manche meiner Vorschläge setzte er sofort in die Tat um.
Allmählich fand auch ich diese Gestaltungsaufgabe interessant – war sie doch so völlig verschieden von den Druckerzeugnissen, die er die meiste Zeit seines Lebens hergestellt hatte.
Für die illustre Gesellschaft sollte es natürlich Vierfarb-Hochglanzdruck sein...
Und Anzeigen für diese exklusiven Geschäfte und Betriebe zu entwerfen, machte mir regelrecht Spaß.
So peu à peu rutschten wir nun doch in eine Art freundlicher Arbeitsgemeinschaft. Und als nach der ersten, erfolgreichen Ausgabe mein Mann nach Brasilien entschwunden war, erwachte mein Ehrgeiz und ich begann, bei Juwelieren, Mode- und Sportgeschäften, Banken, renommierten Betrieben, in deren Firmenleitung ich Clubmitglieder wusste, Acquisition zu betreiben.
Ein Jahr später waren es schon vier Clubs, für die wir die hochwertigen Zeitschriften herstellten – und für die ich inzwischen den größten Teil der Anzeigen beschaffte.
Wir verkehrten immer noch in freundlicher Höflichkeit miteinander, fuhren einige Male zusammen nach Frankreich, von dort einmal sogar auf eine Rundreise durch Nordspanien und Portugal.
Die Golfzeitschriften wurden immer beliebter.

Nach drei Jahren konnten wir zehn dieser grafisch hervorragend gestalteten Hefte präsentieren, und ich war stolz darauf, mit meiner Arbeit eigentlich die Grundlage des Erfolges zu bilden.
Mein Mann betonte immer wieder, wie wertvoll meine Mitarbeit für ihn sei und wie sehr er mir dafür danke.
Ganz allmählich entwickelte sich meine Arbeit jedoch zu einer Dauerbeschäftigung, die mich, auch wenn er längst wieder in Brasilien war, noch forderte.
Zwei weitere Basaliom-Operationen hatten mich außerdem strapaziert.
Und – je mehr ich für die Golfzeitschriften tätig war, desto weniger Zeit blieb für meine eigene Arbeit. Alle meine Skizzen und Notizen waren erneut in Schubladen verschwunden. Auch das Projekt eines kleinen Bandes mit Mallorca-Geschichten "ruhte sanft"...
Seit einigen Jahren flog ich nämlich, vor allem im Januar, auf die "Frühlingsinsel", deren Klima im Winter mir sehr gut bekam. Viele nette Menschen hatte ich inzwischen im Hotel und unter den über die ganze Insel verstreuten, deutschen Residenten kennen gelernt.
Ich begann also schon wieder, auf dies und jenes zu verzichten, was ich mir vorgenommen hatte – nur, um den Erfolg meines Mannes zu sichern.
Hinzu kam, dass er seit einigen Tropen-Aufenthalten gesundheitliche Probleme hatte. In schrecklicher Erinnerung ist mir da, wie er bei einer gemeinsamen Fangokur in Montegrotto, kurz nach der Rückkehr aus Brasilien, gerade noch von einem befreundeten Arzt, vor einer Blutvergiftung gerettet werden konnte. Er war wohl von irgendeinem der zahllosen, giftigen Tropen-Tierchen gebissen worden und in der feuchten Wärme des Fango hatte sich das entzündet.

Nach anderen Aufenthalten lag er wochenlang fiebergeschüttelt im Bett, als hätte er Malaria.
Nein, das habe er sich nicht "Drüben" geholt – bei der Rückkehr, auf dem Flughafen, sei's arschkalt gewesen, kein Wunder, dass er sich erkältet habe!
Vor Weihnachten 99 wollte ich dann unbedingt mein Mallorca-Buch fertig bekommen, bat ihn, doch als kleine Gegenleistung für meine intensive Mitarbeit bei den Golfzeitschriften das Layout zu machen. Wir arbeiteten friedlich zusammen, er akzeptierte alle meine Entwürfe und Gestaltungswünsche.
Das Buch gelang, die Druckerei, die für ihn auch die Golfhefte herstellte, leistete hervorragende Arbeit und ich durfte mich an den vielen positiven Reaktionen auf dieses kleine "Werk" freuen.

Nach dem nächsten Brasilien-Aufenthalt, bei dem Wilfried einen bei Belem lebenden, bayrischen Braumeister kennen gelernt hatte, der dort Freundin und Kind hatte, sagte er mir, dass ihn die Hotel-Unterbringung allmählich zu teuer käme. Ich hatte mich längst gefragt, wie viel dafür in den letzten neun Jahren – in insgesamt wohl drei Jahren Aufenthalt in Brasilien schon ausgegeben worden war.
(Freunde, die – wie ich – die Fragwürdigkeit des Begriffs "Abenteuer" monierten, da sie immer mindestens dem Standard "drei Sterne" genügen mussten, nannten ihn spöttisch den "3-Sterne-Abenteurer")
Paul, der deutsche Freund, habe ihm erzählt, dass Häuser sehr preiswert seien, und so habe er sich einige Objekte angesehen. Es sei tatsächlich so, dass sich der Kaufpreis schon in den Aufenthalten eines einzigen Jahres amortisieren würde. Bei seinen zahlreichen Rundreisen habe er

festgestellt, dass ihm die Region Belem am besten gefiele, deshalb würde er sich überlegen, dort nun ein Haus zu kaufen.
Ich fand diese Überlegung relativ vernünftig, vor allem, weil er auch andeutete, er müsse dann für die zukünftigen Aufenthalte seine eisernen Reserven nicht angreifen...

Unsere "Freundschafts-Ehe" war inzwischen um eine Gemeinsamkeit bereichert worden: wir hatten zusammen einen Golfkurs absolviert und waren in dem Golfclub, der uns von allen unseren "Kunden" am besten gefiel, Mitglied geworden: in Konstanz.
Ich konnte mir mit vorsichtigem Optimismus auch vorstellen, dass ich mit meinem Mann auf der in letzter Zeit praktizierten Basis ein ruhiges Alter erleben könnte, ein Alter, in dem jeder zwar seinen eigenen Neigungen nachgeht, in dem aber auch Zeit für gemeinsame Unternehmungen ist, jeder den anderen respektiert und bereit ist, wenn nötig, für ihn zu sorgen.
Das Haus in Esslingen war seit dem Auszug der Kinder und auch des verkauften Betriebes viel zu groß und die wechselnden Vermietungen brachten eigentlich nur Ärger. Irgendwann, da war ich mir sicher, würde ich es verkaufen. Warum dann nicht an den Bodensee gehen, fern von den "Industrie-Gassen" des Neckartales ein ruhiges Alter erleben?
In einem Dorf, das sich an den Anfang des Bodanrück schmiegt, hatte ich ganz zufällig ein kleines Haus entdeckt, das mir zwar rein äußerlich gar nicht gefiel, das mich aber fast magisch anzog.
Das renovierungsbedürftige Ding bestand aus einem uralten Teil, in dem es nicht einen rechten Winkel gab, der neuere folgte diesem Prinzip ebenfalls, nur mit dem

Unterschied, dass Materialien der 50er-Jahre verwendet worden waren. Der Preis war extrem günstig – und ich wagte es, das Haus zu kaufen. Das bisherige Wohnzimmer, an dem am wenigsten zu ändern war, sollte vorläufig als Wochenend-Wohnung dienen.
Zu Weihnachten, nachdem ich es erworben hatte, bekam ich von den netten Vorbesitzern ein Geschenk: eine Chronik dieses schon um das Jahr 800 n.Chr. zum ersten mal als "Chutininga" erwähnte Dorf. Als ich das Wappen des alemannischen Adelsgeschlechts, dem damals das Gebiet gehörte, und das bis heute das Wappen des Dorfes ist, sah, überlief mich eine positive Gänsehaut: Eine stilisierte, rote Rose auf ebenfalls rotem Streifen leuchtete mir entgegen...
Wer hatte da mal wieder Schicksal gespielt und mich, die Rose, an diesen Ort geführt?
Sechs Jahre brauchte ich, bis es so in Stand gesetzt und auch äußerlich dem ländlich-gemütlichen Stil angepasst war, dass ich mich "für's Alter" darin wohlfühlen würde...

Nun, wir kauften also fast gleichzeitig eine Immobilie – er in Brasilien, ich in Güttingen.
Er kam zurück, war knapp vier Wochen da, um Satz und Layout für die Golfzeitschriften zu machen, und war – husch – schon wieder weg.
Ich überstand eine schwere Stirnhöhlenvereiterung, weitere Basaliom-Operationen, hatte – nach längerer Pause – wieder ernste Herzprobleme.
Die Acquisition für die aufwendigen Hefte, die fast ausschließlich über die Werbung finanziert wurden, wurde immer schwieriger, zeitaufwendiger, nervenaufreibender. Ich gab noch einmal alles, wozu meine Energie reichte, die nächsten Ausgaben wurden erfolgreicher

als je zuvor – richtig schöne, lohnende Vorzeige-Hefte waren es!
Danach sagte ich ihm jedoch ganz klar, dass ich es gesundheitlich nicht mehr schaffe, die gesamten Vorarbeiten und die Werbung zu machen.
Inzwischen sei der Gewinn doch auch so, dass sich die Beschäftigung einer professionellen Anzeigenagentur tragen würde.
Er wurde jedoch böse, meinte, ich "schmeiße immer im entscheidenden Moment den Bettel hin," und verkaufte den Zeitschriftenverlag nach kurzen Verhandlungen an den Besitzer der Druckerei, die bisher die Hefte in seinem Auftrag hergestellt hatte.

Ich war sehr erleichtert, genoss seinen nächsten Brasilien-Aufenthalt, denn nun konnte ich endlich meine Provence-Geschichten auswerten und die Arbeit für das neue Buch beginnen.
Für meinen Mann war die Zeitschriften-Geschichte mit dem Kaufpreis-Erhalt und der (gut bezahlten) Einarbeitung der Nachfolge-Kraft erledigt.
Er hatte wieder Kapital – und: vor allem hatte er nun viel Zeit für sein Haus in einem Vorort von Belem.
Er war voller Begeisterung für sein Haus in Brasilien, dankte mir telefonisch und per E-mail überschwänglich für mein Verständnis und betonte dauernd, wir hätten ein erfülltes gemeinsames Alter vor uns. In seinen Pausen zu Hause erzählte er vom Umbau seines Hauses, von den herrlichen, nach Maß aus schwerem Tropenholz gefertigten Möbeln, vom europäischen Komfort, den er installieren lasse, von den Palmen vor der Terrasse – und, wie nett die Menschen dort seien, wie hilfsbereit, für wie wenig er zum Beispiel eine Nachbarin gefunden habe, die ihm

putze, wasche, koche und in seiner Abwesenheit aufs Haus aufpasse, als wär's ihr eigenes.
Meine Bedenken, was seine – und auch meine Gesundheit anbelangte, wischte er mit einer einzigen nonchalanten Bewegung vom Tisch.

Im August 2001 verbrachten wir noch einmal einige Sommertage gemeinsam in Frankreich, nachdem Wilfried sogar über unsere Geburtstage Ende Juli in Brasilien gewesen war.
Unsere lieben, alten Künstlerfreunde Sabine und Iring de Brauw kamen mit meiner Paten-Tochter Sonja und ihrem Verlobten zu Besuch, blieben drei Tage bei uns. Ich war beschäftigt mit der Bewirtung und dem Programm für die Gäste, sah erst am zweiten Tag, dass Wilfried hinkte. Abends kam er nicht zum Essen auf die Terrasse, sagte, er fühle sich nicht wohl, bat am nächsten Tag, man solle ihn einfach in Ruhe lassen, dann erhole er sich am besten.
Kaum waren die Gäste abgereist, fragte er mich, ob wir so etwas wie eine "Zugsalbe" im Haus hätten, er habe einen schmerzhaften Furunkel.
Ich bestand darauf, das Ding zu sehen.
Oh Gott! Ein Knie sah ich, total geschwollen, grün schimmerte Eiter und blau-schwarz geronnenes Blut durch die gespannte Haut.
Da er große Schmerzen hatte, ließ er sich überreden, sofort in die chirurgische Ambulanz in Montélimar zu fahren.
Es wird mir jetzt, beim Schreiben dieser Zeilen, noch schlecht, wenn ich daran denke, wie dort das Knie abgesaugt wurde und welche Mengen an ekelhafter Flüssigkeit da durch ein Plastikrohr in die metallene Nierenschüssel flossen. Und ich musste dabeibleiben,

weil er sich mit seinem wenigen Französisch dem Arzt noch mehr ausgeliefert gefühlt hätte...
Mit dickem Verband, starken Schmerztabletten und einem Termin für den nächsten Tag wurden wir – auf eigenes Risiko – entlassen und ich half ihm zu Hause beim Ausziehen und Ins-Bett-Gehen, was er wie ein Kind geschehen ließ.
Als ich ihm am nächsten Morgen den Kaffee in sein Zimmer bringe (auch im Feriendomizil hatte er immer auf einem eigenen Rückzugsort bestanden), erklärt er mir, er gehe auf keinen Fall nochmal zu diesem "französischen Klinik-Metzger" – wir wollten ja sowieso Ende der Woche zurückfahren, da könne er dann in Esslingen zum Arzt gehen.
Ich spreche ein Machtwort, packe in kürzester Zeit, bringe alles ins Auto und wir gehen – schon auf dem Rückweg – in die Klinik. Der Verband wird gewechselt, noch einmal wird abgesaugt, desinfiziert, medikamentös beruhigt. Eine Operation sei unumgänglich, ich müsse meinem Mann klar machen, dass sonst eine Amputation drohe, beschwört mich der Arzt.

Nach hektischer Fahrt kommen wir gegen 19 Uhr nach Hause. Ich rufe sofort in einer chirurgischen Klinik an, schildere dem diensthabenden Arzt, was mir der französische Kollege ans Herz gelegt hatte.
"Kommen Sie sofort!" sagt er.
Als er das nicht mehr als Knie zu definierende Unding sieht, schlägt er die Hände über dem Kopf zusammen, ruft den Anästhesisten und eine OP-Schwester aus dem Wochenende zurück – und kaum zwei Stunden später beginnt die Notoperation, bei der ich zum Glück nicht dabei sein muss...

"Nicht fünf vor zwölf, nein, eine Sekunde vor zwölf war's – sonst hätten wir wirklich amputieren müssen," sagt der Arzt zu Wilfried, als dieser aus der Narkose erwacht.
Nach einigen Tagen stellt man fest, dass mein Mann, da er Diabetiker und Raucher ist, sehr schlechte Heilungstendenzen hat. Er wird zur Nachbehandlung in eine dermatologische Klinik in Bad Cannstatt überwiesen. Noch mindestens sechs Wochen, wird ihm hier gesagt, wird die Behandlung dauern – nach der ersten, stationären Woche soll er zwei Mal wöchentlich ambulant kommen.
Ich kann es nicht fassen: nach zwei Wochen bricht er die Behandlung ab, erklärt, ohne mir die Wunde noch einmal zu zeigen, sie sei inzwischen verheilt – und fliegt wenige Tage später nach Brasilien.
"Wenn die Rechnungen von der Klinik und der Operation kommen, schick sie bitte gleich an die Krankenkasse weiter – und bezahl sie erst, wenn das Geld von der Kasse gutgeschrieben ist," hinterlässt er mir als Anweisung.
Bald kommen Rechnungen über ziemlich hohe Beträge und ich erledige die Weiterleitung jeweils noch am selben Tag. Wochenlang rufe ich den Kontostand des einzigen, mir bekannten Kontos ab, für das ich, noch aus Geschäftszeiten, Unterschriftsvollmacht habe. Schließlich kommen Mahnungen. Ich rufe bei der Krankenkasse an, frage empört, warum sie sich mit der Zahlung so viel Zeit lassen.
"Die Beträge sind längst überwiesen!" erfahre ich.
"Auf welches Konto?"
Ich bekomme die Nummer durchgegeben, vergleiche sie mit der, die ich habe – und wundere mich.
"Ja, Ihr Mann hat mehrere Konten bei uns," erklärt man

mir auf der Bank, "aber die Kontenstände der anderen dürfen wir Ihnen nicht sagen."
Aufgeregt schildere ich die Geschichte mit den längst fälligen Arzt- und Klinikrechnungen, die die Kasse auf das falsche Konto vergütet hat.
Zwei Angestellte besprechen sich vor dem Bildschirm, auf dem sie die Konten meines Mannes haben, denken wohl, ich könne hinter der dicken Glasscheibe nichts verstehen, und so höre ich, wie die eine zur anderen sagt, "aber da sind ja dann trotzdem noch fast Siebzigtausend im Soll!"
Die eine kommt dann zum Schalter und sagt freundlich bedauernd, dass sie das nicht entscheiden könne. Völlig am Boden zerstört gehe ich nach Hause, meine Gedanken kreisen immer nur um eines: warum hat Wilfried dieses Konto so überzogen, wo hat er sein ganzes Vermögen hin?
Zum ersten Mal rufe ich auf seinem brasilianischen Handy an. Eine junge Frauenstimme meldet sich, versteht mich nicht – als ich's später nochmal versuche, sagt Wilfried, das sei seine Putzfrau gewesen, was es so Dringendes gebe.
Aufgeregt berichte ich's ihm.
"Jetzt beruhige dich doch – mein Geld hab ich in Aktien angelegt, die 70tausend kann ich locker ausgleichen. Bring die Rechnungen zur Bank, ich gebe denen dann per E-mail die Anweisung, sie zu bezahlen."
Einige Tage später bekomme ich einen Anruf aus Brasilien. Sein neuer Freund Paul sagt mir, er finde meine beiden Bücher ganz toll – überhaupt sei ich eine ganz tolle Frau. Er wünschte, seine wäre so tolerant. Wieso tolerant? frage ich. Na ja – ich dachte, Sie wissen – und dann peinlich berührtes Schweigen...

Ja, Wilfried hätte ihm eigentlich etwas unter die Arme greifen wollen, finanziell und so, ob ich nicht ein wenig Geld schicken könne, Wilfried habe anscheinend keines mehr.
In mir ist plötzlich alles kalt.
Wieder habe ich mich jahrelang zum Narren gemacht, diente nur als Beherbergungsstelle, als kostenlose Arbeitskraft.
Ein Alter in Freundschaft, jenseits der störenden Elemente von Eifersucht und Missgunst, in gegenseitigem Respekt und Vertrauen war mir als Fata Morgana vorgegaukelt worden.
Und ganz kalt und ruhig rufe ich meinen Mann noch einmal an, sage ihm, dass ich ihm Geld schicken werde – er könne es als Weihnachtsgeschenk für seine brasilianische "Familie" betrachten, aber er solle dann auch bitte dort bleiben – ich lege keinen Wert mehr auf seine Anwesenheit.
Antwort: Ich hätte wieder einmal Hirngespinste – meine Hysterie sei ja schon sprichwörtlich.
Drei Wochen später ist Paul tot. Nach einer halb durchzechten Nacht mit Wilfried hat er zu Hause angeblich Gift mit einem Whisky geschluckt.
Wilfried regelt auf Wunsch der deutschen Witwe die Überführung, kommt kurz vor Heilig Abend doch nach Deutschland, will mir wieder weismachen, dass das in Brasilien alles harmlos sei – und Paul habe das Wasser bis zum Hals gestanden, weil er seit langem ohne Arbeit gewesen und in der Familie seiner Freundin nicht akzeptiert worden sei.
Tags darauf besuche ich meine Mutter in dem Pflegeheim in Wendlingen, wo sie inzwischen untergebracht ist, singe mit ihr, den Schwestern und den Mitbewohnern dort

Weihnachtslieder, komme in friedlichster Stimmung nach Hause und bleibe – zum ersten Mal - wirklich standhaft, sage ihm, dass ich auf keinen Fall mit ihm Weihnachten feiern kann.
Am nächsten Morgen fahre ich alleine, nur von meinem kleinen Hund begleitet, nach Frankreich.

In der ersten Nacht im Haus dort schlafe ich schlecht, wache morgens mit Schmerzen im Rücken auf. Kein Wunder! Er hatte schon immer ein eigenes Zimmer, ich nicht mal ein eigenes Bett, denke ich wütend. Seit Jahren schlafe ich entweder auf lose zusammengelegten Polsterkissen oder auf einem ausklappbaren Sessel.
Dieser ständige Verzicht muss ein Ende haben!
Am Heilig Abend gegen 13 Uhr finde ich in einem Möbelgeschäft ein wunderschönes, sündhaft teures, breites Polsterbett. Dem Verkäufer sage ich mutig, ich würde es nehmen und sofort bezahlen, wenn es heute noch geliefert würde.
"Pas de problème, Madame!"
Gegen vier keucht ein Lieferwagen den Berg hoch, zwei nette Möbelpacker tragen mir zuerst mein Klappsofa ins Untergeschoss und dann das neue Bett rauf, lehnen einen gemütlichen "Pastis" mit mir nicht ab und gehen gegen sechs zufrieden mit einem fürstlichen Trinkgeld und einem Sechserpack "gutDeutschBier" (natürlich Schwabenbräu...) aus dem Haus. Man stelle sich so etwas mal am Heilig Abend in Deutschland vor!
In äußerst positiver Stimmung telefoniere ich lange mit jedem meiner Kinder, die sich über die Weihnachtspäckchen sehr gefreut haben, trinke ganz alleine eine Flasche besten Rotwein, esse eine exzellente Wildpastete, schmücke das winzige Weihnachtsbäumchen, das ich im

Topf von zu Hause mitgebracht habe, weine ein bisschen – hauptsächlich, weil ich schon etwas angesäuselt bin, und lege mich dann auf mein erstes eigenes Bett, zu dem ich's hier in mehr als 25 Jahren gebracht habe.
Ich habe herrlich geschlafen.

In diesen sonnig-kalten Tagen schreibe ich viele Gedichte, verarbeite, rekapituliere das schlimme, letzte Vierteljahr.
Als ich Anfang Januar zurückkomme, ist Wilfried immer noch mit dem Tod seines Freundes beschäftigt.
Dessen Frau kommt, holt das Tagebuch und andere persönliche Dinge ihres Mannes ab. Ich lerne sie kennen, fühle mich ihr sehr verbunden – hat uns doch beiden dieses verdammte Amazonien vieler Illusionen beraubt...
Meinem Mann sage ich, dass ich wie gewohnt Mitte Januar für vier Wochen nach Mallorca fliegen werde – danach würde ich sehen, dass ich während seiner Deutschland-Aufenthalte bis zum Verkauf des Hauses in Esslingen überwiegend am Bodensee sei, so kämen wir uns nirgends in die Quere.
Wohl unter dem Eindruck des plötzlichen Todes von Paul bittet er mich, nicht so "Knall auf Fall" alles zu beenden. Seine Brasilien-Ambitionen wären eh nicht von Dauer, er wisse ja nicht, wie lange er dieses Tropenklima gesundheitlich noch vertrage.
"Dann verkauf dein Haus sofort und bleib hier – ich habe keine Lust, dich, nachdem ich mein Leben lang auf Gemeinsamkeit mit dir verzichten musste, als Wrack oder im Rollstuhl zu bekommen."
Nein, so schnell ginge das nicht, meinte er, gemessen an unseren (unseren???) 39 Jahren seien doch ein oder eineinhalb Jahre nichts!

Nein, definitiv nein. Ich werde nicht mehr warten. Keinen Tag mehr. Ich bin 58 und habe nie ein Leben in Unabhängigkeit führen können wie er.

Ich fliege auf meine geliebte Insel, kann mich bei den guten Freunden dort aussprechen, ausweinen.
Bei langen Spaziergängen, allein mit meinem kleinen Hund, bin ich so ruhig wie noch nie.
Als ich zurückkomme, ist mein Mann längst wieder in Brasilien – und ich bin wirklich erleichtert.
Mit Vehemenz stürze ich mich in den Verkauf des Hauses in Esslingen und in den Umbau des alten, kleinen Hauses in Güttingen. Gut, denke ich, jetzt brauche ich keine Rücksicht mehr auf die Kritik an meiner "Quadratmeterknauserei" zu nehmen, jetzt kann ich mir zum ersten Mal meinen Lebensraum gestalten, wie ich es möchte.
Der Verkauf in Esslingen verzögert sich jedoch. Bin ich selbst schuld, weil ich mich mental nicht von dieser Stadt lösen kann, in der ich die längste Zeit meines Lebens verbracht habe?
Jedes Mal, wenn ein ernsthafter Interessent da war, gehe ich anschließend in die Stadt, streife durch die alten Gassen, setze mich an einen der stillen Kanäle, flüchte mich in eine der Kirchen, aus der ich grade Orgelmusik höre, denke: bald muss ich Abschied nehmen von dieser Heimat über mehr als zwei Jahrzehnte. Mit schwerem Herzen fahre ich dann die Krummenackerstraße hinauf, verkehrsreiches Ärgernis seit so vielen Jahren und denke: so schlimm ist es doch gar nicht, vielleicht sollte ich wirklich hier in Esslingen nach etwas Kleinerem Ausschau halten.
An unserem 40. Hochzeitstag sitze ich auf einer Bank vor

dem Melac-Häusle auf der Burg, sehe versonnen zu, wie mein Hund mit einem anderen über die großen Rasenflächen rennt – was sie eigentlich nicht tun sollten, was aber das Herrchen des anderen Hundes genauso ignoriert wie ich.
Ich sehe die Heckenrosen noch in voller Blüte, in den Blumenkästen blühen kobaltblaue Blumen, die ich nicht kenne. Ja, denke ich sentimental, die "blaue Blume" habe ich immer gesucht, ich, die ewig-unverbesserliche Romantikerin, die Weltfremde, die für die Realisten dieser Welt das "geborene Opfer" ist, wie mir mein Mann einmal verächtlich sagte.
Als ich zuhause in den Internet-Briefkasten sehe, finde ich eine schmerzende, höhnische E-mail:
Unter dem Foto zweier flotter 30er-Jahre-Charleston-Damen steht: "Nun kann jeder von uns behaupten, 40 Jahre verheiratet zu sein. Punkt."
Erst am späten Abend lese ich die Esslinger Zeitung. Auf der letzten Seite springt mir die täglich erscheinende, kleine Anzeige mit der Tageslosung ins Auge:
*"Gedenke des ganzen Weges,*
*den dich der Herr, dein Gott, geleitet hat*
***diese vierzig Jahre in der Wüste,***
*auf dass er dich demütigte und versuchte,*
*damit kund würde,*
*was in deinem Herzen wäre."*
*(5.Mose 8,2)*
Ich gehe ins Bett, betrachte lange das Foto meines Vaters und danke ihm dafür, mir wieder einmal indirekt Kraft vermittelt zu haben.

Schließlich geschieht das Unvermeidliche: ein junges Ehepaar möchte das Haus haben, ist gegen einen

Kaufpreisnachlass gerne bereit, mir das frühere Wohngeschoss meiner Kinder als Mietwohnung noch einige Jahre zu überlassen.
So kann ich in Ruhe das Haus am Bodensee fertigstellen – und mein Mann hat vorläufig noch eine Bleibe in Esslingen, denke ich in meiner anscheinend doch unheilbaren Gutmütigkeit.
Allerdings muss ich zwei Geschosse innerhalb von weniger als acht Wochen räumen – ein chaotisches Unterfangen.
Ende November kommt er für kurze Zeit, findet meine Raumverteilung im Obergeschoss unmöglich, die Art, wie ich seine Möbel aufstellen ließ, genauso. Sein Teil und mein Teil sind nur durch eine normale Zimmertüre getrennt, die zwar verschlossen, in der aber unten ein Durchgang für unseren Hund ausgesägt wurde, denn von dem Tier konnte man nun wirklich nicht verlangen, dass es das alles versteht – sie sollte Gelegenheit haben, auch zu ihm zu gehen.

Eines Abends hatte ich mich, nach einem sehr trist verlaufenen Besuch bei meiner Mutter, sehr früh hingelegt und ein Schlafmittel genommen. Durch das Hundetürchen sah ich kein Licht – er war offensichtlich nicht zu Hause.
Bald darauf hörte ich ihn jedoch geräuschvoll kommen, dann telefonieren.
"Ja, lieber Freund, ich bin wieder im Lande." - ---
"Nein, nein, nur kurz – Weihnachten muss ich schon drüben feiern!" ----
"Ha,ha, was soll ich da sagen? Ich würde sagen, mit der Liebe geht's ganz prima – nur, sie will jetzt ein Kind von mir – und ob ich das noch schaffe in meinem Alter??" ---

-"Ach so, Sie meinen Picasso – richtig, der hat's ja mit achtzig noch geschafft, haha!" ----
"Also, dann bis bald – und Grüße an die Frau Gemahlin!"
Er hatte mit seinem Apotheker telefoniert...
Ekelhaft, dachte ich – jetzt hat er wirklich den Verstand und auch jeden Anstand verloren...
Mitten in der Nacht wachte ich schweißgebadet auf. Ich hatte geträumt, er und eine honigbraune Schönheit, wie einst Josephine Baker nur mit einem Bananengürtel bekleidet, standen vor meinem Bett, legten mir ein schreiendes Bündel in den Arm und sagten, hämisch grinsend, sie könnten es nicht brauchen – ich hätte ja Zeit, mich darum zu kümmern...
Am nächsten Morgen teilte ich ihm knapp mit, dass ich sein gestriges Telefonat leider zwangsläufig hatte mit anhören müssen und ihn nun endgültig für verrückt halte. Ich wolle absolut nichts mehr mit ihm zu tun haben. Vier Tage später war er weg.

Kurier 1.11.2005

## Die Wärme für die Seele holt sie sich im Süden

**Rose Deroussas** schreibt fast ein Leben lang Gedichte und Geschichten – Seit einem Jahr lebt sie in Güttingen

Seit ihrem 15. Lebensjahr schreibt Rose Deroussas. Zunächst Lyrik, später kam die Prosa dazu und rst vor wenigen Jahren veröffentliche sie ihr erstes Buch. Zwischen den rühen literarischen Versuchen und lem ersten Band liegt, soviel wird klar m Gespräch mit der Schriftstellerin, ein pralles Leben, geprägt von Höhen ınd Tiefen.

Seit Anfang dieses Jahres lebt Rose Deroussas endgültig in Güttingen. chon vor fünf Jahren hat sie das Haus gekauft, in das sie jetzt einzog. Während ihr Hauptwohnsitz noch in Essingen lag, hat sie das ehemalige Bauernhaus in der Güttinger Ortsmitte ımgebaut und renoviert. Jetzt, sagt ie, fühlt sie sich so wohl hier, dass der Zweitwohnsitz in der Provence fast zu urz kommt.

Rose Deroussas ist eine waschechte Schwäbin. Davon legt sie Zeugnis ab n ihren Erinnerungen an „Eine Kindheit im Ländle". Den lebendigen Erzählungen vom Leben als Pfarrerstochter in der württembergischen Provinz ließ sie einen zweiten Band folgen, „Erwachsen werden im Ländle". hr Vater war als Gründer des Wendlinger Naturtheaters und Autor von Theaterstücken in ihrer Heimat kein [...]

leine groß gezogen. Ihr Mann war immer viel unterwegs. Ihre Frühpensionierung, die aus gesundheitlichen Gründen erfolgte, kam ihr zumindest in einer Hinsicht entgegen: Sie konnte sich nach arbeitsreichen und aufreibenden Jahren ausgiebig der Literatur widmen, alte Aufschriebe aus den Schubladen holen und neu verwerten. Auf diese Weise entstand der Band „Maison à vendre" mit Erzählungen, Gedichten und eigenen Fotos.

Wenn Rose Deroussas von ihrem Leben erzählt, gewinnt man den Eindruck, dass man es hier mit einer Frau zu tun hat, deren äußere Zartheit leicht über eine große innere Kraft hinwegtäuscht. Mit dieser Kraft hat sie sich beispielsweise etwas geschaffen, wovon viele Menschen lange träumen: Das Haus in der Provence, ehemals eine Ruine, heute ein architektonisches Juwel. „Ich habe es mir förmlich vom Mund abgespart", erklärt sie und bekennt sich zu ihrem Faible für alte Häuser. Lachend erzählt Rose Deroussas, wie sie, um das Haus einrichten zu können, mit ihrer Tochter Kiesel bemalt und sie an touristisch stark frequentierten Orten in Südfrankreich verkauft habe.

Ein weiterer Ort, der Rose Derous- [...]

Foto + Text: Claudia Antes-Barisch

und zur mediter[...]
die Schriftstelleri[...]
den Bodensee ge[...]
tingen fühlt sie s[...]
von einer Menge [...]
auf- und anreger[...]
Blick aufs ländlich[...]
„am liebsten an[...]
schreibt – zunäc[...]
„DIN A4-Schulhe[...]
ßend wird alles i[...]
dem Verlag als D[...]
Obwohl Rose [...]
Jahr hier lebt, wu[...]
che Lesungen ge[...]
sammen mit ein[...]
bereits einen neu[...]
rausgebracht. „[...]
schen Bonjour u[...]
Die darin enthalt[...]
zum Teil von ih[...]
Sepp Bögle. Den [...]
„ganz zufällig" a[...]
gelernt, erzählt R[...]
nem Tag, als es ih[...]
ging und „der Sep[...]
gespräch" anbot[...]
rikband stand da[...]
Sepp Bögle fand[...]
seiner Tätigkeit u[...]
losophie. So wu[...]
lancierte Steine [...]
Rose Derous[...]

*1979: beim 25. Jubiläum des von meinem Vater gegründeten Naturtheaters in Grötzingen lernte ich (rechts hinter Lilo) Liselotte Pulver kennen.*

*2000 in Stuttgart: „Schreiben aus dankbarem Herzen" war die Überschrift des Artikels von Alexander Maier, den ich Liselotte Pulver auf dem Foto gerade zeige. Sie schrieb mir dann als Widmung in ihr neues Buch: „Für Rose: wir schreiben und lachen beide aus dankbarem Herzen".*

4 Eßlinger Zeitung ESSLINGEN UND REGION Mittwoch, 15. Nover

# Schreiben aus dankbarem Herzen

**ESSLINGEN:** Rose Deroussas huldigt ihrer Liebe zu Mallorca in Texten und Fotografien

**'on Alexander Maier**

Ver ihr gegenübersitzt, spürt sofort ie unendliche Ruhe, die von dieser rau ausgeht. Und eben diese Muße nd Gelassenheit schöpft Rose Deoussas vor allem aus zwei Quellen: rer zweiten Heimat in der Proence und – Mallorca. Der spanihen Balearen-Insel gehört seit ahren die heimliche Liebe der Essngerin. Und ihr huldigt sie nun uch in einem mit viel Herzblut zuammengestellten Text- und Bildand: „Mallorca – Tage der Ruhe".

'er an Mallorca denkt, mag an alrlei denken, nur nicht an Ruhe nd besinnliche Stunden. Für viele t die Insel zum Synonym für Masentourismus und Jetset geworden. laudia Schiffer, Michael Douglas der Boris Becker – sie alle prägen enau wie die zahllosen Urlauber, e Jahr für Jahr wie Heuschrekenschwärme über die Insel herfal n, das Image von Mallorca.

nd wovon erzählt Rose Deroussas ihrem neuen Buch? Vom kleinen lück und zauberhaften Landschaf n, von Mandelbäumen mit flokenzarten weiß- und rosafarbenen, weichen Blütenblättchen, von verträumten Dörfern und der wildromantischen Westküste. Ein Widerspruch an sich? Für Rose Deroussas ganz sicher nicht. Denn die Esslingerin, die viele Jahre an der Realschule Oberesslingen Englisch und Französisch unterrichtet hatte, kennt Mallorca von einer völlig anderen Seite. Die Fotografien, Gedichte und Prosatexte, die sie in ihrem neuen Buch vereint hat, sind allesamt im Winter entstanden – in einer Zeit, in der sich Mallorca dem Gast von einer völlig anderen Seite präsentiert.

„Was ich fand, waren Landschaften voller sanfter Farben und atmender Ruhe – aber auch voll aufwühlender, scharfer Winde, die im wahrsten Sinne oft atemberaubend waren", schreibt Rose Deroussas in ihrem Buch. „Ich fand blaues Meer, das ohne Horizont in blauen Himmel überging – aber auch beide in der bleigrauen Sturmversion." Und weiter: „Mallorca im Januar ist ein Universum an Naturereignissen. Und das in einer Landschaftsvielfalt, die von Toskana- und Provence-Idyllen bis zu beängstigenden Hochgebirgs- und Karstgegenden reicht."

Für Rose Deroussas war es – wie so oft in ihrem Leben – „höhere Fügung", als sie zum ersten Mal nach Mallorca kam. Die Esslingerin, Jahrgang 1943, war damals mit gemischten Gefühlen in den Flieger gestiegen – allerlei Vorurteile mit im Reisegepäck. Doch die größte der Balearen-Inseln brauchte nicht lange, um ihr Herz zu erobern. Und mittlerweile spricht Rose Deroussas sogar von ihrer „großen Winterliebe", wenn sie von Mallorca erzählt.

Jahr für Jahr verbringt die Esslingerin dort mindestens einen Monat: „Ich suche mir immer die schönste Jahreszeit aus." Müßig zu erwähnen, dass sie dabei an ganz andere Wochen denkt als die allermeisten Touristen.

Wenn Rose Deroussas von ihrer „Zweit- und Seelenheimat" spricht, denkt sie an die Provence, wo sie vor 30 Jahren ein altes Haus gekauft und mittlerweile schnuckelig hergerichtet hat. Doch die Tage der Ruhe auf Mallorca mag sie nicht missen: „Ich schöpfe meine Ruhe aus schönen Landschaften und Beziehungen zu Menschen", verrät sie. Und beides gibt ihr die Perle der Balearen.

Deshalb möchte sie mit ihrem neuen Buch auch anderen Lust machen, Mallorca von einer anderen Seite zu entdecken als der sommerliche Massentourist: „Ich liebe diese Insel so sehr, dass ich auch andere an meiner Liebe teilhaben lassen möchte. Denn ich schreibe aus dankbarem Herzen." Deshalb hat sie ihr Buch „Mallorca – Tage der Ruhe" vor allem für seelenverwandte Zeitgenossen geschrieben, die ihre Sicht der Welt teilen – wohl wissend, dass längst nicht jeder ihre Perspektive teilt. Doch dafür gab's bereits Lob aus prominentem Munde: Filmstar Michael Douglas, ebenfalls Mallorquiner aus Überzeugung, fand das Büchlein der Esslingerin schlicht „marvellous". Was will man schließlich mehr . . .

Rose Deroussas ist am Samstag, 11. November, in der Esslinger Buchhandlung H. Th. Schmidt auf der Inneren Brücke zu Gast, wo sie von 11 bis 13 Uhr ihr neues Buch „Mallorca – Tage der Ruhe" (Holder Verlag, 24.80 Mark) signiert.

„Ich schöpfe Ruhe aus schönen Landschaften und Beziehungen zu M Rose Deroussas liebt die mediterrane Lebensart

# Ein gelungener Versuch

der inzwischen viele Nachfolge-Veranstaltungen fand.

Über ihr gelungenes Experiment freuen sich (von links) die Künstler Dieter Grub und Rose Deroussas sowie Amin Mukhlis, der ins Werk einführte Foto: e

Künstlergilde Esslingen

## „Worte fanden ihre Bilder"

Mit der Ausstellung „Worte fanden ihre Bilder" der beiden Künstlergilde-Mitglieder Rose Deroussas (Lyrik und Prosa) und Dieter Grub (Maler und Bildhauer) wagte die Künstlergilde ein Experiment, das schon bei der Vernissage großen Beifall fand. Drangvolle Enge herrschte im Galerieraum hinter dem Alten Rathaus, als der Vorsitzende Franz Peter Künzel die Besuchermenge begrüßte. Die Esslinger Autorin Rose Deroussas hatte die Idee, ihrer ohnehin sehr bildhaften Lyrik entsprechende Werke aus der Malerei zuzuordnen.

In den Bildern des Esslinger Malers und Bildhauers fand sie diese Entsprechungen auf Anhieb verwirklicht. Etwa 20 Werke, jeweils mit ihren Pendants in Wort und Bild, sind in der Ausstellung zu sehen. In einer sehr sensibel auf die Werke der beiden Künstler eingehenden Einführung erklärte der Kunsthistoriker Amin Mukhlis an drei Beispielen die Parallelen in den Aussagen von Gedichten und Bildern. Seine Lebensgefährtin, eine Eurythmie-Lehrerin, setzte zwei kurze Gedichte von Deroussas, in denen viel leise, subtile Erotik anklingt, in weiche Bewegungsabläufe um. Die Ausstellung ist noch bis 15. Dezember zu sehen.

# Mama geht

Meine Mutter besuchte ich trotz der Probleme in Esslingen und der häufigen Fahrten an den Bodensee jede Woche zwei Mal, an den Tagen, für die meine Schwester mich "einteilte".
Mama war bei einem Aufenthalt im Haus meiner Schwester in Wendlingen aus dem Bett gestürzt, hatte sich einen komplizierten Oberschenkelhals-Bruch zugezogen und unter den langen Narkosen bei zwei Operationen sehr gelitten. Auch die Reha-Maßnahmen hatten keinerlei Besserung gebracht – sie saß von da an im Rollstuhl, war nur noch ein Schatten ihrer selbst.
Eine rasch fortschreitende Demenz tat ein Übriges.
Dass es in einem familiär-herzlich geführten, privaten Pflegeheim unweit des Hauses der Familie meiner Schwester einen Platz für sie gab, empfand ich als wahren Segen – und die Atmosphäre, die dort herrschte, war so, dass man die Bewohner sehr gerne besuchte.
In dieser Vorweihnachtszeit sang man, war fröhlich, bastelte unter Anleitung einer reizenden, geduldigen Mitarbeiterin und bei schönem Wetter schob ich Mama auf die Wendlinger Höhen, erzählte ihr Geschichten von früher.
Wir lachten viel.
Ich hatte es geschafft, ihr zu verzeihen, empfand fast nur noch Mitleid und Rührung, wenn ich sah, was aus dieser immer auf äußerste Sauberkeit und gutes Aussehen bedachten Frau geworden war.
Diese wieder so kindliche Person, die vor Freude in die Hände klatschen konnte, wenn man ein Stück Schwarzwälder Kirschtorte vor sie hinstellte, sie hatte mir

in meinem Leben so viele kleinere und größere Wunden zugefügt. Vielleicht oft gar nicht bewusst – als letztes gab es da eine achtseitige Generalvollmacht zu Gunsten meiner Schwester, auf der sie per Unterschrift notariell bestätigte, sie allein und im Vollbesitz ihrer geistigen Kräfte verfasst zu haben – und das, als sie auf Grund starker Parkinson-Medikamente schon unter Halluzinationen und Wahnvorstellungen litt.
Aber auch das hatte ich inzwischen verarbeitet.
Manchmal, wenn ich so mit ihr spazieren ging, dachte ich zwar noch, wie weh diese Entwicklungen meinem Vater tun, wenn er "von da oben" zuschaut – wie stolz er aber anderseits wäre, zu sehen, dass ich dem von ihm erhaltenen Auftrag, Mama zu unterstützen, trotz aller Widrigkeiten gerecht werde.

Mama feierte am 16.Dezember ihren 84. Geburtstag.
Mit roten Bäckchen, in ihrem besten Kleid, ihre immer noch vollen, jetzt schlohweißen Haare wohlfrisiert, saß sie glücklich inmitten einer großen Runde von Geburtstagsgästen, aß mehrere Stücke Torte und Kuchen. Sie kannte die Anwesenden zwar nicht mehr alle, registrierte aber sehr wohl, dass sie ihretwegen da waren. Freundinnen, die sie sehr lange nicht mehr besucht hatten, waren gekommen – für eine davon war dieser Tag so wichtig, dass sie sich mit dem Taxi von Reutlingen nach Wendlingen hatte chauffieren lassen.
Haben instinktiv alle geahnt, dass dies der letzte Geburtstag sein würde?
Schon wenige Tage darauf bekam sie hohes Fieber, hustete mit schmerzverzerrtem Gesicht, wurde apathisch und lächelte nur noch mit Mühe, wenn ich ihr auf meiner Kinderorgel Weihnachtsliedchen vorspielte.

Am Heiligen Abend wollte ich in ihrer Nähe sein, verabredete mich mit meinem Sohn, der inzwischen in Bad Cannstatt wohnte.
Als ich nachmittags in Wendlingen ankomme, liegt Mama mit rasselndem Atem und geschlossenen Augen fieberglühend in ihren schneeweißen Laken, ist frisch frisiert und trägt ein wunderschönes Nachthemd. Ich lege das kleine Gesteck, das ich mit ihren geliebten Christrosen hatte binden lassen, auf den Nachttisch, zünde die dicke Kerze darauf an, gebe ihr einen Kuss und sage ihr leise, dass ich da sei, erzähle, dass es am Bodensee viel Schnee habe, summe dann "O du fröhliche" – aber in ihren Zügen ist keine Reaktion zu sehen. Ich setze mich neben sie, halte lange Zeit ihre Hand, schaue in dieses immer noch fast faltenfreie Antlitz, dem man die frühere Schönheit immer noch ansieht.
Einmal öffnet sie die Augen, scheint jedoch total ins Leere zu blicken. Auch die kurzen Besuche meiner Schwester und ihres Sohnes werden von ihr nicht wahrgenommen.
Voller Sorge beobachte ich, dass ihre Züge immer starrer werden – sie atmet mit geöffnetem Mund, mit beunruhigenden Geräuschen, die manchmal wie ein Stöhnen klingen.
"Leidet sie denn sehr, hat sie Schmerzen?" frage ich betroffen die Schwester, die ihr, als sie ihren Nachtdienst antritt, liebevoll mit einem feuchten Tuch über Stirn und Wangen wischt.
"Nein, sicher nicht. Sie können ganz beruhigt sein – auch wenn dieser Zustand noch länger anhalten sollte, wird Ihre Mutter bestimmt irgendwann friedlich einschlafen."
Bis etwa 21 Uhr halte ich ihre Hand, streichle sie sanft, wie ich es bei Papa getan hatte, ohne dass sie jedoch auch

nur einmal eine Reaktion gezeigt oder den Druck erwidert hätte.
Trotzdem sage ich ihr beim Weggehen, ich gehe jetzt zu Matthias, um mit ihm und seiner Freundin Heilig Abend zu feiern – und morgen käme er dann bestimmt mit, um sie zu besuchen...

In gedrückter Stimmung sitzen wir bis kurz vor Mitternacht bei meinem Sohn zusammen - dann kehre ich in mein Wohnprovisorium in Esslingen zurück.
Um acht Uhr am Weihnachtstag ruft mich dort meine Schwester an und sagt mir, Mama sei in der Nacht gestorben.
"Warst du bei ihr, als sie starb?" – "Nein."
"Sie ist nicht mehr zu Bewusstsein gekommen und ganz friedlich eingeschlafen," berichtet mir die Schwester, als ich hinkomme – "und, sie hat sogar, bald nachdem Sie weggegangen sind, ruhiger geatmet – ist dann ganz leise erloschen, wie eine Kerze, die heruntergebrannt ist."
Ein tröstlicher Gedanke – in der Weihnachtszeit mit den Kerzen am geschmückten Baum hier auf der Erde zu erlöschen und in das große, nie verlöschende Licht einzugehen...
Ich bin dankbar, dass meine Mutter so sterben durfte.

Links und rechts stützen mich meine Kinder, inzwischen 37 und 39 Jahre alt, bei der Beerdigung, schirmen mich ab gegen alle unangenehmen Fragen. Sagen mir, wie sehr sie mich lieben und brauchen. Was können Kinder einer Mutter Schöneres vermitteln?

Mitte Januar fliege ich auf meine Vorfrühlingsinsel, erfahre auch hier, dass ich nicht allein bin.

Als ich zurückkam, lag ein Fax auf dem Boden vor dem Gerät, das offensichtlich schon mehr als zwei Wochen dort gelegen hatte. Ein Notariat teilte mir darin den Termin für die Testamentseröffnung mit – er war am übernächsten Tag! Fast hätte ich ihn also versäumt – was für mich wohl sogar besser gewesen wäre...

Ende Februar kommt mein Mann zurück, erkundigt sich nach meiner Erbschaft, grinst böse.
"Du bist das geborene Opfer. Du lässt dich doch von jedem über den Tisch ziehen!"
"Ja, bisher auch von dir," sage ich in verzweifelter Härte.
"Nicht mehr lange. Ich will jetzt die Scheidung. Wenn keiner an den anderen Ansprüche stellt, können wir das schnell und mit Anstand hinter uns bringen."
"Gut. Reichst du sie ein?"
"Ja."
Die Scheidungsklage wird mir Mitte März zugestellt, an einem sonnigen Tag, an dem ich nach Glems zum Friedhof und zu Tante Dora, (Mamas Schwester und meine Patentante) - fahren wollte.
Nach einem langen Spaziergang zu Papas See und rund um den Stausee erzähle ich Dora am noch nicht mit Gästen besetzten Stammtisch der "Traube", was nun als letzter, entscheidender Schritt auf mich zukommt.
Ganz realistisch rät sie mir, nur zu überlegen, was sich für mich zum Positiven ändern wird:
"Du musst nicht mehr auf ihn warten, du musst keine Rücksicht mehr nehmen, du brauchst keine Verantwortung mehr zu empfinden. Du kannst – endlich – dein eigenes Leben leben. Es ist wichtig, dass du viel Zeit zum Schreiben hast – du kannst den Menschen so viel damit geben!"

Und dann berichtet sie mir von Aussagen und Meinungen von Gästen, die meine Bücher gelesen hätten, die von den Gedichten so sehr berührt seien, dass sie sie immer wieder lesen würden.
Ich fahre nach Hause und gebe am nächsten Tag die Einverständniserklärung zur Scheidung persönlich beim Gericht ab – ja, es soll schnell und mit Anstand geschehen, denke ich...

## Schwielen auf der Seele

Ehrentag. ... anstalter ist das Europäische Forum ... Steuergesetzen. Zentrale Themen sind die künftige Ausrichtung des ... Table Diskussionen in die komplizierte Materie, bevor der Tag nach ... des EFA-Vorsitzenden Hans-Michael Wolffgang. ... den dann wieder zu ... Zeiten statt.

Esslinger Zeitung 31.5.06

### Schwielen auf der Seele

**ESSLINGEN: Rose Deroussas verarbeitet in ihrem neuen Gedicht-Band einen schmerzlichen Verlust**

Von Gaby Weiß

„Natürlich habe ich Heimweh nach meinem geliebten Esslingen." Rose Deroussas, die mit dem zweiten Band ihrer schwäbischen Erinnerungen „Erwachsen werden im Ländle" ihrer Heimatstadt eine charmante Liebeserklärung geschaffen hat, hat vor gut einem Jahr Esslingen verlassen und ist an den Bodensee gezogen. Die Tochter des Wendlinger Pfarrers Hans Mistele, der das Naturtheater Grötzingen begründete, ist mittlerweile eine erfolgreiche Autorin: Jetzt hat sie Gedichte veröffentlicht, in denen sie die sehr schmerzlichen Erfahrungen einer Trennung verarbeitet.
Auch wenn sie sich in der hügeligen Bodenseelandschaft gut aufgehoben fühlt und dort am dritten Band ihrer Biographie schreibt, so vermisst Rose Deroussas ihr „altes, geliebtes Esslingen" sehr, das immerhin ein Vierteljahrhundert ihre Heimat war: „Am meisten fehlt mir die Atmosphäre der Enge in der Altstadt. Diese Enge hat mir immer ein Gefühl der Geborgenheit gegeben." Mit großer Freude kehrt sie deshalb zu Lesungen, wie jüngst bei der Matinee der Künstlergilde, hierher zurück – und sie hat noch immer die Eßlinger Zeitung abonniert.

#### Beeindruckende Stein-Kunstwerke

Deroussas' neuester Lyrik-Band „Balance. Lyrik zwischen Bonjour und Adieu" (édition belésprit) ist illustriert mit Fotografien der beeindruckenden Stein-Kunstwerke von Sepp Bögle. Der Lebenskünstler türmt in den Sommermonaten an der Bodensee-Mole in Radolfzell Steine zu fragilen Skulpturen, die der leiseste Windstoß zum Einstürzen bringen kann. „Diese Skulpturen strahlen eine unbeschreibliche Ruhe aus. Er ist ein Magier. Dass diese Steine aufeinander halten ohne irgendeine Stütze, Klebstoff oder ein Verbindungsmittel, das ist unglaublich", staunt Rose Deroussas. Balance ist auch das Thema des sehenswert gestalteten Gedichtbandes. „Aneinander festhalten und wieder einstürzen, das musste ich nun in meinem Leben leider auch erfahren. Aber ich habe Gottseidank immer wieder zur Balance zurück gefunden", sagt Deroussas.
Unter der Überschrift „Der lange Weg zum Adieu" hat Rose Deroussas Texte versammelt, mit deren Hilfe sie den schmerzlichen Verlust ihrer Beziehung, der Schwielen auf ihrer Seele hinterlassen hat, verarbeitet. „Die Arbeit an den Texten hat geholfen. Es ist schwierig, alles wieder aufzureißen, und es tut auch weh, aber es hilft." Seit Rose Deroussas bei Lesungen merkt, wie viele, oft auch ganz junge Frauen sich von ihren Gedichten angesprochen fühlen, weil sie ähnliches durchleiden mussten, ist ihr leichter: „Man muss den Weg bis zum bitteren Ende verfolgen. Aber seit ich diese Erfahrungen mit dem Buch machen darf, habe ich es verarbeitet und einen Knopf dran gemacht." Im Gedicht „Esslinger Metamorphose" beschreibt sie, wie sie sich vom Gewicht der Vergangenheit, das wie ein Mühlstein um ihren Hals hing, befreit hat und dann endlich jubeln kann: „Und jetzt, du zauberhaftes Esslingen, kann ich dich von neuem und völlig unbelastet aus der Ferne lieben."

#### Mut und Hoffnung

Wie immer in Rose Deroussas' Büchern scheint auch in „Balance" ein Licht am Ende des dunklen Tunnels auf. Mit ihrer bildhaften Sprache, ihrem musikalischen Duktus, mit ihren sehr poetischen Wortschöpfungen, mit ihrem starken Gefühl für die Natur, die ihr Ruhepol und Energiespender zugleich ist, mit ihrer Heiterkeit und ihrer positiven Grundstimmung macht Rose Deroussas Mut und Hoffnung, auch in schweren Zeiten.

Unter dem Titel „Balance. Lyrik zwischen Bonjour und Adieu" ... oussas schmerzliche Erfahrungen verarbeitet.

Meinen 60. Geburtstag feierte ich am Bodensee mit zahlreichen, lieben alten und neuen Freunden, Nachbarn und den wenigen Verwandten, die mir in positivem Sinne geblieben waren.
Wenige Tage danach erreichte mich ein verspätetes "Geburtstagsgeschenk" in Form eines Schreibens des Familiengerichtes Esslingen. Darin wurde mir mitgeteilt, dass ich im Falle der Scheidung zum Versorgungsausgleich verpflichtet sei.

Mein Mann beziehe nur eine Mini-Rente, ich dagegen verfüge über eine Beamtenpension in beträchtlicher Höhe. Deshalb müsse ich ihm monatlich die Hälfte der Differenz ausgleichen.
So sah also eine " Scheidung mit Anstand aus, bei der keiner Ansprüche an den Anderen stellt!?"
Mein Gott, denke ich – und das bei meinen monatlichen Verpflichtungen! Die Hälfte meines Erbes hatte ich gleich an die Kinder weitergegeben – sie sollten nicht warten müssen, bis ich unter dem Boden bin.
Bisher hatte ich auch – im Vertrauen auf den genannten "Anstand" nicht einmal einen Anwalt eingeschaltet. Wozu auch? Gütertrennung hatten wir seit 24 Jahren schon – Ansprüche würde ich keine stellen – die Kinder waren 40 und 38 – also, wozu einen Anwalt?
Nun jedoch musste ich verhindern, noch einmal – und diesmal besonders schmerzhaft über den Tisch gezogen zu werden...
Mein Anwalt erhob Einspruch.
Drei Jahre allerschlimmster Hass- und Schmutztiraden begannen, die darin gipfelten, dass er mitleidheischend als Schlusswort an seinen letzten Schriftsatz anfügte, "er sei vierzig Jahre um die Liebe betrogen worden"...
E R !!!
Aber mir halfen alle Argumente dennoch nichts:
- Nein, die verrentbaren und demnächst auszahlbaren, hohen Lebensversicherungen sind seit der Gütertrennung alleiniges Eigentum Ihres Mannes – sie haben das ja im notariellen Vertrag unterschrieben!
- Nein, er hat kein Vermögen mehr – und wenn, dann würde es den Versorgungsausgleich nicht berühren – siehe auch hier Gütertrennungsvertrag. (Ja, auf diese abschließende Klausel hatte mein Mann damals bestan-

den und ich hatte trotz aller Warnungen des Notars unterschrieben – einfach, um für meine Kinder wenigstens die Früchte *meiner* Arbeit damals zu retten).
- Nein, nach 25 Jahren können Sie keine Ansprüche mehr geltend machen, dass Sie Leben und Ausbildung der Kinder überwiegend alleine finanziert haben. Warum haben Sie das denn damals eigentlich nicht getan?
- Da hätten Sie sich eben schon vor 25 Jahren scheiden lassen sollen – dass Sie's nicht taten, beweist doch eigentlich, dass es so unerträglich nun auch nicht war...
- Was wollen Sie denn – Ihnen geht's doch gut! Wenn ich die Fotos von Ihren beiden Anwesen mit denen vom Haus Ihres Mannes in Brasilien vergleiche (er hatte wohl eines von vor dem Um- und Ausbau geliefert...), muss ich sagen, dass ich lieber bei Ihnen Urlaub machen würde!
- Auch wenn man Ihrem Fall eine gewisse Tragik nicht absprechen kann – so sind nun einmal die Gesetze – und das Gericht muss sich eben daran halten!

**Summum ius, summa iniuria** (Cicero)
**Das höchste Recht ist höchste Ungerechtigkeit...**

Nach 43 Jahren ging diese Ehe zu Ende.
Ja, ich bin das geborene Opfer – ob ich allerdings unglücklicher bin als er, mag dahingestellt sein.
Bis ans Ende meiner Tage werde ich – auch nach einem Revisionsurteil – meinem Mann ein sorgloses Leben hier und in Brasilien ermöglichen. Und so lange er noch zusätzliches Vermögen hat, wird auch seine bildhübsche, brasilianische Lebensgefährtin, die nach Schilderungen von Bekannten nicht viel älter ist als 30 Jahre, vielleicht bei ihm bleiben...
Und ich?
Wenn ich meine "Privatbilanz" abgeschlossen habe, wenn ich die 27 erfüllten Jahre im Lehrberuf, die vielen bewältigten Aufgaben in den Betrieben meines Mannes, die harten Jahre der Doppelt- und Dreifachbelastung, die Kämpfe um den Erhalt von Familie und Ehe, um die Grundlagen eines eventuell doch noch zufriedenen Alters, den Kampf um eine Liebe, die, im Nachhinein betrachtet, eher eine Obsession war - wenn ich das alles dem entgegensetze, was ich heute bin und habe, wird es dann eher doch eine "private Insolvenz?"
Alles für die Katz gewesen?
Nach dem endgültigen Schlussstrich rächte sich die unerträgliche Belastung über drei endlose Jahre hinweg mit Herzrasen, Pankreatitis, Nervenzusammenbruch, Lungenentzündung, Herpes...
Aber dann auch: Auferstehung.
Was hatte ich mir vor mehr als 36 Jahren gedacht, als ich in kopfloser, idiotischer, veranwortungsloser Suizidabsicht mit meinen Kindern aus dem Leben scheiden wollte?
Er ist es nicht wert. Kein Mensch ist es wert, dass ein anderer aus Kummer über ihn in den Tod geht.

Ist man mit 63 zu alt, um neu anzufangen?
Nein, ist man nicht.
Die Posten auf der Haben-Seite wiegen schwerer:
Da sind meine Kinder, meine Freunde, da ist meine Arbeit, meine Lust, zu lachen, meine Freude an Natur, Musik und Kunst, an Wind und Wellen, an Landschaften im Nebel und in der Sonne, an der Schönheit jeder Jahreszeit – an meiner Heimat und ihren Bergen, Seen und Flusstälern.
Anfang 2006 erschien mein Gedichtband "Balance ~ Lyrik zwischen Bonjour und Adieu", der meinen Weg in drei Jahrzehnten zeigt und der beweist, dass ich sie wiedergefunden habe, die Balance.

*Radolfzell: Sepp Bögles Steinbalancen*

Ich habe Abschied genommen von der Vergangenheit, von meinem geliebten Esslingen – besuche es zum Bürgerfest und zum Weihnachtsmarkt, oder wenn ich zu Lesungen in die Umgebung gerufen werde. Aber auch an Tagen mit weniger Ablenkung und Trubel kann ich unbelastet durch die mittelalterlichen Gassen gehen und mich einfach an den liebevoll restaurierten Fachwerkhäusern, den ruhig dahinfließenden Kanälen, dem gemächlichen Plätschern über den bemoosten, riesigen Mühlrädern, den einladenden Parkanlagen und den Farbspielen im Laub der Weinberge freuen.
Und – ich habe eine Heimat am "Schwäbischen Meer" gefunden, und Menschen getroffen, die dasselbe wollen wie ich:
Harmonie. Ruhe. Frieden.
Ach ja – und mir gefällt es immer noch hinter dem Mond!

***Frühjahrsmorgen am See***

Gedanken und Träume –
von gestern die Glut.
Nebel wie Flügel,
Schwingen verleihen Mut.

So schwing ich ins Weite
und schwinge zum See,
und schwinge hinauf,
bis zum ewigen Schnee.

Gedanken und Träume –
Das Morgen im Blick.
Nebel wie Flügel,
gestern liegt weit zurück

# Nachwort

Vieles ist beim Schreiben dieses Buches wieder schmerzlich aufgebrochen – und doch ist nun nur Dankbarkeit in mir. So viele Menschen fanden sich immer wieder, die mir einen Lichtstrahl schickten, so viele, dass es unmöglich ist, alle hier zu nennen.
Nennen möchte ich jedoch meine liebe Freundin **Marianne Sägebrecht**, mit der ich bereits zwei bewegende und aufregende Lesungen erleben durfte, die mir eine große, mentale Stütze ist und die mir die wunderbarsten Heilkräuter "in Flaschen füllt".

*Mit Marianne in Heidelberg*

Zu meinem 60.Geburtstag malte mir Dieter Grub, ein Esslinger Künstler, mit dem ich in meiner Reihe "Worte fanden ihre Bilder" eine wunderschöne Ausstellung hatte,

ein so positives, farbenfrohes Bild, dass ich ein Dankeschön-Gedicht daraus machte und es allen lieben Freunden, Verwandten und Bekannten schickte.
Ich füge es hier an, um noch einmal von Herzen allen meinen Weggefährten zu danken.

***Hilfe von überall***

Die dunklen Stunden,
ständige Begleiter meines Lebens,
sind Gott sei Dank von Licht und Farben
fast verdeckt – und wenn es wahr ist,
dass die Nacht den Morgen weckt,
war keine dieser Stunden je vergebens.

Oft irrte ich entlang an reißend schnellen Flüssen,
fand keine Brücke – oder vielleicht nur die ins Nichts.
Dann bündelte mein heller Stern die Wärme seines Lichts,
als wollte er für mich die Ufer trockenküssen.

Will ich dem Grau, dem Gestern und der Welt entfliehen
und such das blaue Felsenhaus aus meinen Träumen;
schon finden sich – oh Wunder – Äste von dem Bäumen
zur Leiter – und ich kann nach oben ziehen.

Vor allem in
bereits erwähnten, dunklen Stunden,
wenn man mir Schmerz in hohen Dosen gab zu essen,
kamst Du, kamt Ihr – denn keiner hatte mich vergessen.
Ich pack euch alle in mein Traumschiff ein
und werd mit ihm und euch zum Dank
die Welt umrunden.

Von Rose Deroussas erschienen bisher:

Eine Kindheit
im Ländle
ISBN
3-9807083-3-0

Erwachsen werden
im Ländle
ISBN 3-9809283-1-4

Balance
Lyrik zwischen Bonjour und Adieu
ISBN 3-9809283-3-0

Maison à vendre
ISBN 3-9807083-1-4

Mallorca –
Tage der Ruhe
ISBN 3-9807083-0-6

…und Sonne brennt
in Stein die Träume
ISBN 3-9807083-2-2